Mathematik für Friseurinnen und Friseure

Helmut Nuding
Josef Haller

3., überarbeitete Auflage 2014

Holland+Josenhans / Handwerk und Technik
Best.-Nr. 5950

Die „Mathematik für Friseurinnen und Friseure" enthält des Öfteren Berufsbezeichnungen und Gruppenbezeichnungen nur in der männlichen Form. Wir bitten, diese sinngemäß als Doppelbezeichnungen wie z. B. Friseurin/Friseur, Kundin/Kunde usw. zu interpretieren und anzuwenden. Dem Anteil der weiblichen Angehörigen in Beruf und Bevölkerung soll auf diese Weise entsprochen werden, gleichzeitig jedoch soll die Übersichtlichkeit nicht zusätzlich beeinträchtigt und der Lesefluss nicht unnötig gehemmt werden.

3., überarbeitete Auflage 2014

Dieses Werk folgt der reformierten Rechtschreibung und Zeichensetzung.

Dieses Buch ist auf Papier gedruckt, das aus 100 % chlorfrei gebleichten Faserstoffen hergestellt wurde.

Verlag Holland+Josenhans GmbH & Co. KG, Postfach 10 23 52, 70019 Stuttgart, Telefon 07 11/6 14 39 15, Telefax 07 11/6 14 39 22, E-Mail: info@handwerk-technik.de, Internet: www.handwerk-technik.de

Layout: Eleni Papagiannopoulou, 70174 Stuttgart
Zeichnungen: Nadine Brix, L-3397 Roeser, Angelika Kramer, 70372 Stuttgart, Hans Hermann Kropf, 89428 Syrgenstein
Umschlagfoto: J.7 school, 70182 Stuttgart
Gesamtherstellung: LFC print+medien GmbH, 72768 Reutlingen

ISBN 978-3-7782-5950-4

Vorwort

Unsere Absicht war es, ein Buch zu gestalten, das Lernen – besonders selbstständiges Lernen – erleichtert. Schülerinnen und Schüler sollen mit diesem Buch gerne arbeiten. Deshalb wurde auf folgende Merkmale besonderer Wert gelegt:

- Eine einfache, leicht verständliche Sprache soll den Umgang mit der Fachmathematik erleichtern.
- Die meisten Menschen haben ein visuelles Gedächtnis, d. h., sie können sich Abbildungen wesentlich besser merken als normalen Text. Deshalb führen grafisch hervorgehobene Einführungsbeispiele in die jeweilige Rechenart ein. Der ausführliche Rechenweg wird dabei in Teilschritte zerlegt, damit die Lösung mühelos nachvollzogen werden kann.
- Besonders hervorgehobene Merksätze fassen zusammen und heben wichtige Lerninhalte hervor.
- Interessante Übungsaufgaben zu jeder Themeneinheit regen zur selbstständigen Vertiefung des erarbeiteten Stoffes an. Als zusätzliche Motivation betreffen etliche Aufgaben den Privatbereich der Auszubildenden.
- Am Buchende befinden sich zahlreiche Aufgaben zur Prüfungsvorbereitung.
- Ein ausführliches Sachwortverzeichnis ermöglicht das schnelle Auffinden aller Wissensgebiete.

Wir sind für Anregungen dankbar und wünschen viel Erfolg und Spaß mit diesem Buch.

Verfasser und Verlag

1.5.1 Teilbarkeit von Zahlen

Divisionsaufgaben können erleichtert werden, wenn man die wichtigsten Regeln über die Teilbarkeit von Zahlen kennt.

Teilbarkeit von Zahlen

Teiler	Regel	Beispiele
2	Zahlen, deren **letzte Ziffer gerade** ist, also aus einer 0, 2, 4, 6 oder 8 besteht.	28**4**, 489**6**
3	Zahlen, deren **Quersumme** (= Summe der Ziffern) durch 3 geteilt werden kann.	378 → Quersumme: 3 + 7 + 8 = 18 1617 → Quersumme: 1 + 6 + 1 + 7 = 15
4	Zahlen, deren **zwei letzte Ziffern** durch **4** geteilt werden können. Sind die beiden letzten Ziffern eine 0, dann ist die Zahl ebenfalls durch 4 teilbar.	1**24**, 97**36** 28**00**, 71**00**
5	Zahlen, deren **letzte Ziffer** eine **0** oder eine **5** ist.	17**5**, 1312**0**
6	**Gerade Zahlen, deren Quersumme** (= Summe der Ziffern) durch **3** geteilt werden kann.	996 → Quersumme: 9 + 9 + 6 = 24 702 → Quersumme: 7 + 2 = 9
8	Zahlen, deren **drei letzte Ziffern** durch **8** geteilt werden können.	2**152**, 127**464**
9	Zahlen, deren **Quersumme** (= Summe der Ziffern) durch **9** geteilt werden kann.	1161 → Quersumme: 1 + 1 + 6 + 1 = 9 3285 → Quersumme: 3 + 2 + 8 + 5 = 18

Beispiel:
Durch welche Zahlen kann die Zahl 648 geteilt werden?

Lösung:
648 kann geteilt werden durch

2 → da die letzte Ziffer (8) gerade ist
3 → da die Quersumme (6 + 4 + 8 = 18) durch 3 geteilt werden kann.
4 → da die zwei letzten Ziffern durch 4 geteilt werden können.
6 → da gerade Zahl, deren Quersumme durch 3 geteilt werden kann.
8 → da die letzten drei Ziffern durch 8 geteilt werden können.
9 → da die Quersumme durch 9 geteilt werden kann.

648 kann nicht durch 5 geteilt werden.

Aufgabe

Bestimmen Sie nach den Teilbarkeitsregeln, wodurch die folgenden Zahlen geteilt werden können:

a) 224 b) 1116 c) 225 d) 14952 e) 2700 f) 53568

1.6 Verbinden mehrerer Grundrechenarten

Addition und Subtraktion bezeichnet man als Strichrechnung (+/–). Unter Punktrechnung (·/:) versteht man die Multiplikation und die Division. Werden mehrere Grundrechenarten miteinander verbunden, dann werden zuerst die Punktrechnungen ausgeführt, zuletzt die Strichrechnungen. Vereinfacht gesagt: **Punktrechnung kommt vor Strichrechnung**.

Beispiel:

$$350 - \underbrace{25 \cdot 4} + \underbrace{280 : 20} + 30 - 95$$

$$= 350 - 100 + 14 + 30 - 95$$

$$= 350 - 195 + 44 = \underline{\underline{199}}$$

Zuerst werden die Werte in den Klammern ausgerechnet.

Beispiel:

$$\underbrace{(15 + 5)} \cdot 4 + 12 + \underbrace{(81 : 9)} : 3 - 2$$

$$= \underbrace{20 \cdot 4} + 12 + \underbrace{9 : 3} - 2$$

$$= 80 + 12 + 3 - 2$$

$$= 95 - 2 = \underline{\underline{93}}$$

Zuerst werden die inneren Klammern berechnet.

Beispiel:

$$124 - [5 + \underbrace{(6 \cdot 3)}] + 18 \cdot 2$$

$$= 124 - \underbrace{[5 + 18]} + 18 \cdot 2$$

$$= 124 - 23 + \underbrace{18 \cdot 2}$$

$$= 124 - 23 + 36 = \underline{\underline{137}}$$

Aufgaben

1. Teilen Sie ein in echte und unechte Brüche:

a) $\frac{7}{8}$ d) $\frac{13}{10}$ g) $\frac{192}{8}$ j) $\frac{392}{94}$ m) $\frac{6}{3}$

b) $\frac{9}{11}$ e) $\frac{17}{18}$ h) $\frac{247}{28}$ k) $\frac{686}{14}$ n) $\frac{2276}{2280}$

c) $\frac{5}{3}$ f) $\frac{15}{7}$ i) $\frac{78}{97}$ l) $\frac{7}{56}$ o) $\frac{176}{177}$

2. Geben Sie an, ob gleichnamige oder ungleichnamige Brüche vorliegen:

a) $\frac{1}{2}, \frac{2}{3}, \frac{3}{4}$ c) $\frac{2}{5}, \frac{3}{5}, \frac{4}{5}$ e) $\frac{2}{3}, \frac{4}{5}, \frac{9}{10}$ g) $\frac{1}{16}, \frac{5}{16}, \frac{7}{16}$

b) $\frac{3}{8}, \frac{7}{9}, \frac{5}{12}$ d) $\frac{5}{11}, \frac{7}{11}, \frac{9}{11}$ f) $\frac{10}{113}, \frac{12}{35}, \frac{13}{48}$ h) $\frac{7}{12}, \frac{8}{25}, \frac{9}{88}$

2.1 Umwandeln von Brüchen in ganze und gemischte Zahlen und umgekehrt

Ein unechter Bruch wird in eine gemischte Zahl umgewandelt, indem der Zähler durch den Nenner dividiert wird. Dabei wird der Quotient zur ganzen Zahl, der Rest bleibt stehen als Bruch.

Beispiel:

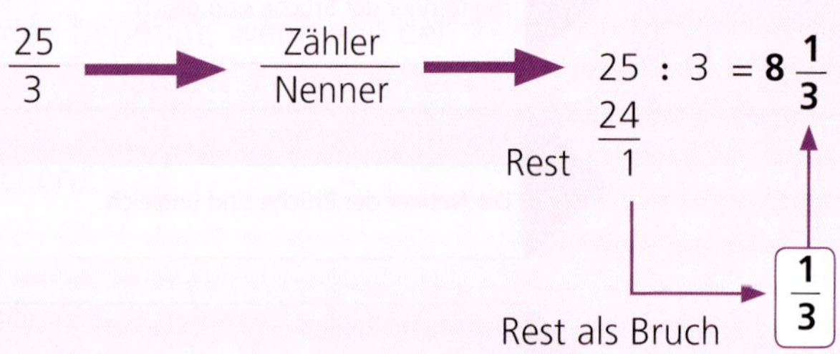

Eine gemischte Zahl wird in einen unechten Bruch umgewandelt, indem man die ganze Zahl mit dem Nenner des Bruches multipliziert und das Produkt zum Zähler addiert.

Beispiel:

ganze Zahl mal Nenner

$$5\frac{1}{2} = \frac{\boxed{5 \cdot 2} + 1}{2} = \underline{\underline{\frac{11}{2}}}$$

ganze Zahl mal Nenner

$$6\frac{4}{7} = \frac{\boxed{6 \cdot 7} + 4}{7} = \underline{\underline{\frac{46}{7}}}$$

Aufgaben

1. Wandeln Sie die unechten Brüche in eine gemischte Zahl um:

a) $\frac{6}{5}$ c) $\frac{23}{10}$ e) $\frac{115}{38}$ g) $\frac{1829}{96}$ i) $\frac{457}{453}$

b) $\frac{51}{8}$ d) $\frac{98}{9}$ f) $\frac{463}{77}$ h) $\frac{2004}{13}$ j) $\frac{15704}{157}$

2. Wandeln Sie die gemischten Zahlen in unechte Brüche um:

a) $3\frac{1}{2}$ d) $1\frac{1}{3}$ g) $196\frac{3}{4}$ j) $271\frac{1}{4}$

b) $8\frac{1}{6}$ e) $2\frac{9}{11}$ h) $15\frac{78}{193}$ k) $25\frac{3}{7}$

c) $7\frac{1}{2}$ f) $3\frac{3}{27}$ i) $23\frac{11}{17}$

2.2 Erweitern und Kürzen von Brüchen

Ein Bruch wird **erweitert**, indem man den Zähler und den Nenner mit derselben Zahl multipliziert.

Beispiel:

$\frac{5}{6}$ erweitert mit 3 ⟶ $\frac{5}{6} = \frac{5 \cdot 3}{6 \cdot 3} = \underline{\underline{\frac{15}{18}}}$

Ein Bruch wird **gekürzt**, indem man den Zähler und den Nenner durch dieselbe Zahl dividiert.

Beispiel:

$\frac{5}{15}$ gekürzt mit 5 ⟶ $\frac{5}{15} = \frac{5 : 5}{15 : 5} = \underline{\underline{\frac{1}{3}}}$

Beachten Sie:

Der Wert eines Bruches bleibt immer gleich, wenn er gekürzt oder erweitert wird.

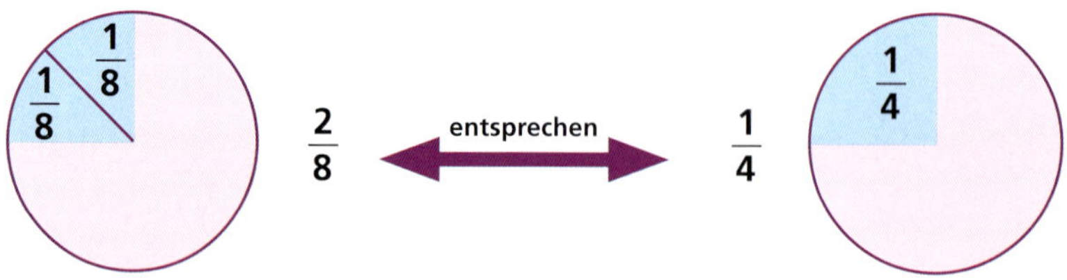

Aufgaben

1. Erweitern Sie die Brüche mit der jeweils angegebenen Zahl:

a) $\frac{7}{8}$ mit 2
b) $\frac{2}{3}$ mit 4
c) $\frac{5}{6}$ mit 5
d) $\frac{8}{9}$ mit 7
e) $\frac{20}{27}$ mit 3
f) $\frac{7}{12}$ mit 14

2. Kürzen Sie die Brüche mit der jeweils angegebenen Zahl:

a) $\frac{3}{18}$ mit 3 c) $\frac{16}{48}$ mit 16 e) $\frac{44}{136}$ mit 4

b) $\frac{42}{70}$ mit 14 d) $\frac{15}{140}$ mit 5 f) $\frac{56}{592}$ mit 8

3. Kürzen Sie die Brüche:

a) $\frac{2}{4}$ b) $\frac{8}{16}$ c) $\frac{9}{24}$ d) $\frac{120}{165}$ e) $\frac{192}{224}$ f) $\frac{17}{136}$

4. Kürzen Sie die Brüche so weit wie möglich:

a) $\frac{24 \cdot 12}{48}$ c) $\frac{324 \cdot 9}{54 \cdot 36}$ e) $\frac{28 \cdot 18 \cdot 48}{80 \cdot 42}$

b) $\frac{15 \cdot 28}{35}$ d) $\frac{2 \cdot 32 \cdot 30}{140}$ f) $\frac{150 \cdot 192 \cdot 64 \cdot 9}{36 \cdot 600 \cdot 108}$

5. Ergänzen Sie die fehlenden Zahlen:

a) $\frac{1}{4} = \frac{?}{8}$ d) $\frac{5}{6} = \frac{40}{?}$ g) $\frac{17}{73} = \frac{85}{?}$

b) $\frac{3}{24} = \frac{?}{72}$ e) $\frac{2}{9} = \frac{24}{?}$ h) $\frac{15}{32} = \frac{?}{256}$

c) $\frac{6}{7} = \frac{?}{63}$ f) $\frac{13}{16} = \frac{?}{224}$ i) $\frac{5}{49} = \frac{?}{343}$

6. Kürzen Sie die Brüche:

a) $\frac{8}{12}$ b) $\frac{15}{35}$ c) $\frac{168}{504}$ d) $\frac{36}{138}$

7. Erweitern Sie die folgenden Brüche mit 12:

a) $\frac{3}{5}$ b) $\frac{7}{12}$ c) $\frac{4}{9}$ d) $\frac{11}{15}$

2.3 Addieren und Subtrahieren von Brüchen

Brüche mit gleichen Nennern **(gleichnamige Brüche)** werden addiert oder subtrahiert, indem man die **Zähler addiert oder subtrahiert**. Die gemeinsamen Nenner werden dabei nicht verändert.

Beispiel 1:

$$\frac{3}{7} + \frac{2}{7} + \frac{6}{7} + \frac{4}{7} = \frac{3+2+6+4}{7} = \frac{15}{7} = \underline{\underline{2\frac{1}{7}}}$$

Beispiel 2:

$$\frac{18}{19} - \frac{7}{19} - \frac{5}{19} - \frac{3}{19} - \frac{2}{19} = \frac{18-7-5-3-2}{19} = \underline{\underline{\frac{1}{19}}}$$

Brüche mit verschiedenen Nennern **(ungleichnamige Brüche)** müssen vor dem Addieren bzw. Subtrahieren **gleichnamig gemacht werden**. Hierzu muss der **Hauptnenner** ermittelt werden. Der Hauptnenner ist die kleinste Zahl, die durch alle vorhandenen Nenner ohne Rest geteilt werden kann.

Beispiel:

$$\frac{3}{4} + \frac{2}{5} + \frac{3}{10} + \frac{7}{12} = ?$$

Lösung:

$$\frac{3}{\cancel{4}} + \frac{2}{\cancel{5}} + \frac{3}{10} + \frac{7}{12} = ?$$

❶ Jeder Nenner, der in einem anderen enthalten ist, wird **weggelassen**.

Nenner		Primzahlen
10	12	
5	6	: 2
5	3	: 2
5	1	: 3
1		: 5

❷ Die übrig gebliebenen Nenner werden so lange durch **Primzahlen** dividiert, bis man die Zahl 1 erhält. Primzahlen können nur durch die Zahl 1 und durch sich selbst geteilt werden. Beispiele: 1, 2, 3, 5, 7, 11 . . .

Hauptnenner → $2 \cdot 2 \cdot 3 \cdot 5 = \underline{\underline{60}}$

❸ Sämtliche Teiler werden miteinander multipliziert. Das Produkt ergibt den **Hauptnenner**.

Erweiterungsfaktor bestimmen:

→ *60 : 4 = 15*
→ *60 : 5 = 12*
→ *60 : 10 = 6*
→ *60 : 12 = 5*

❹ Um den **Erweiterungsfaktor** zu erhalten, teilt man den Hauptnenner durch den jeweiligen Nenner.

Erweiterungsfaktor

$$\frac{3\cdot\boxed{15}}{60}+\frac{2\cdot\boxed{12}}{60}+\frac{3\cdot\boxed{6}}{60}+\frac{7\cdot\boxed{5}}{60}$$

⑤ Die einzelnen **Brüche** werden mit dem Erweiterungsfaktor **erweitert**.

$$=\frac{45+24+18+35}{60}=\frac{122}{60}=2\frac{2}{60}=\underline{\underline{2\frac{1}{30}}}$$

Aufgaben

1. Addieren Sie:

a) $\frac{3}{9}+\frac{4}{9}+\frac{5}{9}+\frac{7}{9}+\frac{8}{9}$

b) $\frac{1}{14}+\frac{3}{14}+\frac{5}{14}+\frac{7}{14}+\frac{11}{14}$

c) $\frac{3}{28}+\frac{5}{28}+\frac{17}{28}+\frac{19}{28}+\frac{25}{28}$

d) $\frac{14}{45}+\frac{23}{45}+\frac{37}{45}+\frac{41}{45}$

e) $3\frac{1}{9}+6\frac{4}{9}+4\frac{2}{9}+5\frac{5}{9}$

f) $10\frac{3}{5}+12\frac{2}{5}+8\frac{4}{5}+1\frac{1}{5}$

g) $6\frac{12}{17}+19\frac{8}{17}+11\frac{4}{17}+21\frac{16}{17}$

2. Subtrahieren Sie:

a) $\frac{9}{11}-\frac{4}{11}-\frac{2}{11}-\frac{1}{11}$

b) $\frac{15}{16}-\frac{7}{16}-\frac{3}{16}-\frac{1}{16}$

c) $\frac{32}{35}-\frac{13}{35}-\frac{9}{35}-\frac{8}{35}$

d) $21\frac{1}{8}-6\frac{5}{8}-5\frac{3}{8}-3\frac{7}{8}$

e) $8\frac{9}{20}-2\frac{11}{20}-3\frac{7}{20}-1\frac{9}{20}$

f) $29\frac{10}{33}-18\frac{19}{33}-4\frac{32}{33}-2\frac{5}{33}$

g) $48\frac{9}{28}-23\frac{5}{28}-10\frac{15}{28}-4\frac{27}{28}$

3. Addieren Sie:

a) $\frac{1}{3}+\frac{1}{4}+\frac{1}{2}+\frac{2}{3}$

b) $\frac{3}{4}+\frac{2}{5}+\frac{4}{5}+\frac{1}{2}$

c) $\frac{5}{24}+\frac{7}{12}+\frac{5}{8}+\frac{11}{16}$

d) $2\frac{3}{10}+4\frac{9}{20}+\frac{17}{36}+3\frac{15}{18}$

4. Subtrahieren Sie:

a) $\frac{4}{5} - \frac{1}{3} - \frac{1}{6}$

b) $\frac{13}{14} - \frac{1}{4} - \frac{1}{7} - \frac{1}{2}$

c) $19\frac{3}{4} - 5\frac{1}{2} - 2\frac{2}{3} - 6\frac{5}{8}$

d) $20\frac{3}{5} - 4\frac{5}{6} - 2\frac{9}{20} - 3\frac{7}{12}$

5.

a) $8 - \frac{3}{4} - \frac{2}{5} =$ **?**

b) $9\frac{2}{3} + 5\frac{1}{4} - 8\frac{5}{6} =$ **?**

c) $4\frac{5}{18} - \frac{5}{8} - \frac{17}{24} =$ **?**

d) $7\frac{5}{14} - 4\frac{3}{9} + 8\frac{1}{6} =$ **?**

e) $12\frac{5}{8} + 3\frac{4}{9} - 8\frac{7}{40} =$ **?**

f) $28\frac{3}{4} - 10\frac{5}{6} - 7\frac{3}{7} - 2\frac{11}{24} =$ **?**

6. Friseurgeselle Robert möchte sich im nächsten Jahr eine Musikanlage anschaffen. Im letzten Sommer buchte er deshalb statt einer Flugreise eine Fahrradtour rund um den Bodensee. Er hat so bereits $\frac{1}{3}$ des Kaufpreises gespart. An seinem Geburtstag ließ er sich diesmal einladen; die übliche Party fiel aus. Die Ersparnis beträgt $\frac{1}{14}$ des benötigten Betrages. Die Freundin geht an Weihnachten leer aus. Erneut hat Robert $\frac{2}{21}$ gespart. Obwohl er das Trinkgeld von mehreren Monaten zusammenhält, was ihm immerhin $\frac{2}{7}$ des Kaufpreises einbringt, muss er sich einen Teil der Kaufsumme ausleihen.

Welcher Bruchteil des Kaufpreises fehlt ihm noch?

7. Die Tippgemeinschaft des Friseursalons Schneider hat im Lotto gewonnen. Entsprechend den Einsätzen soll auch der Gewinn verteilt werden. Deshalb erhält der Chef ein Viertel, zwei Friseurinnen erhalten je ein Neuntel, ein Friseurgeselle bekommt ein Sechstel und die Auszubildende den Rest.

Welcher Bruchteil des Gewinns entfällt auf die Auszubildende?

2.4 Multiplizieren von Brüchen

Brüche werden miteinander multipliziert, indem man **Zähler mit Zähler** und **Nenner mit Nenner** multipliziert. Wenn es möglich ist, wird vor dem Multiplizieren gekürzt.

Beispiel:

$$\frac{3}{5} \cdot \frac{4}{9} \cdot \frac{5}{12} = \frac{\overset{1}{\cancel{3}} \cdot \overset{1}{\cancel{4}} \cdot \overset{1}{\cancel{5}}}{\underset{1}{\cancel{5}} \cdot \underset{3}{\cancel{9}} \cdot \underset{3}{\cancel{12}}} = \underline{\underline{\frac{1}{9}}}$$

Ganze Zahlen und gemischte Zahlen werden vor dem Multiplizieren in Brüche umgewandelt.

Beispiel 1:

$$\frac{4}{5} \cdot 6 = \frac{4 \cdot 6}{5 \cdot 1} = \frac{24}{5} = \underline{\underline{4\frac{4}{5}}}$$

Beispiel 2:

$$6\frac{2}{3} \cdot \frac{1}{4} = \frac{\overset{5}{\cancel{20}} \cdot 1}{3 \cdot \underset{1}{\cancel{4}}} = \frac{5}{3} = \underline{\underline{1\frac{2}{3}}}$$

Aufgaben

1. Multiplizieren Sie:

a) $\frac{2}{5} \cdot \frac{1}{7}$ b) $\frac{3}{8} \cdot \frac{5}{6}$ c) $\frac{8}{9} \cdot \frac{2}{3}$ d) $\frac{8}{7} \cdot \frac{5}{24}$ e) $\frac{16}{14} \cdot \frac{36}{15}$

2. a) $\frac{7}{12} \cdot \frac{3}{7} \cdot \frac{2}{3} = ?$ c) $\frac{3}{8} \cdot \frac{5}{22} \cdot \frac{12}{15} = ?$

b) $\frac{5}{16} \cdot \frac{8}{35} \cdot \frac{7}{24} = ?$ d) $\frac{9}{13} \cdot \frac{26}{45} \cdot \frac{7}{24} = ?$

3. a) $5 \cdot \frac{2}{7} = ?$ b) $12 \cdot \frac{1}{8} \cdot \frac{3}{9} = ?$ c) $7 \cdot \frac{3}{20} \cdot \frac{4}{7} = ?$

4.

a) $3\frac{1}{3} \cdot \frac{1}{4} = ?$

b) $5\frac{11}{13} \cdot 4 = ?$

c) $2\frac{1}{3} \cdot 5\frac{6}{7} = ?$

d) $21\frac{1}{7} \cdot 24\frac{3}{8} = ?$

e) $5\frac{5}{8} \cdot 7\frac{1}{3} \cdot 2\frac{2}{5} = ?$

f) $6\frac{6}{11} \cdot 7\frac{1}{3} \cdot 4\frac{2}{9} = ?$

g) $6\frac{2}{5} \cdot 4\frac{3}{18} \cdot 5\frac{2}{8} = ?$

h) $3\frac{4}{7} \cdot 6\frac{2}{9} \cdot 2\frac{1}{16} = ?$

i) $5\frac{3}{4} \cdot 8\frac{2}{15} \cdot 10\frac{5}{46} = ?$

5. Im Salon Baumann wird die Teilzeitbeschäftigung für alle Mitarbeiter eingeführt. Die bisher vereinbarte Arbeitszeit beträgt $39\frac{1}{2}$ Std. pro Woche.

a) Erwin möchte nur noch $\frac{8}{9}$ seiner bisherigen Arbeitszeit leisten.
Wie viele Stunden beträgt seine neue Wochenarbeitszeit?

b) Frau Gruber möchte sich mehr um ihre Familie kümmern. Sie arbeitet deshalb nur $\frac{2}{3}$ ihrer bisherigen Arbeitszeit.
Wie viele Stunden beträgt ihre neue Wochenarbeitszeit?

6. Eine Friseurin verdient im Monat 1.507,00 €. Von ihrem Monatsverdienst gibt sie aus:

$\frac{1}{4}$ für Miete, $\frac{1}{8}$ für ihr Auto, $\frac{2}{9}$ für Nahrung, $\frac{1}{12}$ für Kreditrate, $\frac{1}{7}$ für Freizeit, $\frac{1}{21}$ für Körperpflege. Den Rest des Geldes zahlt sie auf ihr Sparbuch ein.
Wie viel € entfallen auf jeden Ausgabenbereich und wie viel € werden auf das Sparbuch eingezahlt?

7. Eine Friseurin heiratet. Die Kolleginnen kaufen ihr als Geschenk einen Mikrowellenherd für 225,00 €. An den Kosten beteiligen sich:
1 Meisterin mit 1 Siebtel, 2 Friseurinnen mit je 1 Neuntel, 3 Jungfriseurinnen mit je 1 Sechzehntel, 4 Auszubildende mit je 1 Vierundzwanzigstel. Den Restbetrag will der Chef übernehmen.
Welcher Anteil entfällt auf die einzelnen Kolleginnen, und wie viel € muss der Chef bezahlen?

8. Die ehemalige Mathematiklehrerin Klara Knobel ist verstorben. Entsprechend ihrem Testament wird nun das Vermögen auf die 6 Neffen und Nichten verteilt. Grundsätzlich erhält jeder Erbe ein Sechstel der Erbschaft. Franz-Josef hatte Tante Klara nie besucht. Deshalb wird sein Sechstel um ein Drittel vermindert. Martin hatte immer ungepflegte lange Haare und war selten beim Friseur, was Tanta Klara sehr verärgerte. Sein Sechstel wird deshalb um ein Viertel vermindert. Tanja hat wegen mangelnden Fleißes im Zeugnis

ausgerechnet in Mathematik eine Fünf erhalten. Aus Empörung reduzierte Tante Klara dieses Sechstel um ein Fünftel. Annette hat Tante Klara immer mit selbst gebackenen Kuchen besucht. Ihr Anteil wird deshalb um 2 Fünftel erhöht. Charly musste Herbert, den Goldfisch von Tante Klara, pflegen. Charlys Anteil erhöht sich darum um 3 Achtel. Alfred, der immer schwach im Rechnen war, erhält den Rest, allerdings nur, wenn er in der Lage ist, seinen Anteil in Gegenwart des Notars und der anderen Erben selbst auszurechnen.
Ermitteln Sie den Bruchteil, den jeder Erbe erhält.

2.5 Dividieren von Brüchen

Ein Bruch wird durch einen Bruch dividiert, in dem man den Bruch mit dem **Kehrwert** des anderen Bruches **multipliziert**. Beim Kehrwert werden Zähler und Nenner vertauscht. Beispiel:

$$\frac{3}{8} \xrightarrow{\text{Kehrwert}} \frac{8}{3}$$

Beispiel:

Kehrwert ermitteln: $\frac{1}{2} \rightarrow \frac{2}{1}$

$$\frac{1}{3} : \frac{1}{2} = ? \longrightarrow \frac{1}{3} : \frac{1}{2} = \frac{1 \cdot 2}{3 \cdot 1} = \underline{\underline{\frac{2}{3}}}$$

Ganze Zahlen und gemischte Zahlen werden vor der Division in Brüche umgewandelt.

Beispiel 1:

$$\frac{4}{5} : 4 = \frac{4}{5} : \frac{4}{1} = \frac{\overset{1}{\cancel{4}} \cdot 1}{5 \cdot \underset{1}{\cancel{4}}} = \underline{\underline{\frac{1}{5}}}$$

Beispiel 2:

$$4\frac{1}{6} : \frac{5}{12} = \frac{25}{6} : \frac{5}{12} = \frac{\overset{5}{\cancel{25}} \cdot \overset{2}{\cancel{12}}}{\underset{1}{\cancel{6}} \cdot \underset{1}{\cancel{5}}} = \underline{\underline{10}}$$

Aufgaben

1. Dividieren Sie:

a) $\frac{2}{3} : \frac{5}{6}$ c) $\frac{5}{8} : \frac{2}{3}$ e) $\frac{8}{9} : \frac{4}{7}$ g) $\frac{6}{25} : \frac{3}{15}$

b) $\frac{7}{12} : \frac{2}{9}$ d) $\frac{16}{35} : \frac{4}{15}$ f) $\frac{15}{16} : \frac{25}{84}$ h) $\frac{6}{50} : \frac{21}{70}$

2. a) $\frac{16}{25} : 8 =$ **?** c) $5 : \frac{2}{3} =$ **?** e) $\frac{15}{16} : 7 =$ **?** g) $12 : \frac{2}{3} =$ **?**

b) $12 : \frac{4}{5} =$ **?** d) $1 : \frac{7}{8} =$ **?** f) $25 : \frac{5}{7} =$ **?** h) $\frac{15}{24} : 45 =$ **?**

3. a) $5\frac{1}{2} : \frac{3}{8} =$ **?** d) $17\frac{4}{9} : 1\frac{2}{3} =$ **?** g) $40\frac{5}{16} : 2\frac{1}{10} =$ **?**

b) $18\frac{2}{3} : 8 =$ **?** e) $7\frac{1}{8} : 4\frac{3}{4} =$ **?** h) $26\frac{1}{4} : 4\frac{1}{6} =$ **?**

c) $6\frac{4}{5} : 2\frac{5}{6} =$ **?** f) $282\frac{2}{7} : 2\frac{12}{35} =$ **?**

4. Im Salon Härle werden für die Kunden Getränke bereitgehalten. Meister Härle kauft deshalb Orangensaftflaschen mit je $\frac{7}{10}$ *l* Inhalt in der Mehrwegkiste mit 12 Flaschen.

a) Wie viel *l* Orangensaft enthält eine Kiste?

b) Wie viele Gläser können mit einer Kiste gefüllt werden, wenn der Saft in $\frac{2}{10}$-*l*-Gläsern serviert wird?

c) Für wie viele Arbeitstage reicht eine Kiste, wenn pro Tag durchschnittlich 5 Gläser verkauft werden?

5. In einem Kanister mit Pflegeshampoo befinden sich noch $3\frac{3}{4}$ *l*.

Für eine Haarwäsche werden ca. $\frac{3}{200}$ *l* Shampoo benötigt.

Für wie viele Anwendungen reicht die vorhandene Menge?

2.6 Umwandeln von Brüchen in Dezimalzahlen und umgekehrt

Ein Bruch kann in eine **Dezimalzahl** umgewandelt werden, indem man den Zähler durch den Nenner dividiert.

Beispiel:

$$\frac{4}{5} = 4 : 5 = \underline{\underline{0{,}80}}$$

$$\frac{1}{3} = 1 : 3 = 0{,}3333\ldots = \underline{\underline{0{,}3\overline{3}\text{ (Periode)}}}$$

Jede Dezimalzahl kann in einen Bruch umgewandelt werden, indem die Zahl hinter dem Komma zum Zähler wird. Der Nenner erhält die Zahl 10 oder 100 oder 1000 usw. Ob im Nenner Zehntel oder Hundertstel oder Tausendstel usw. stehen, hängt vom Stellenwert der letzten Ziffer der Dezimalzahl ab.

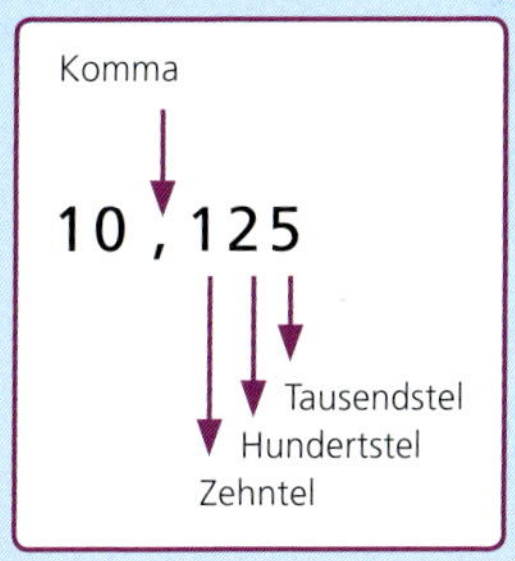

Vereinfacht gesagt: Die Anzahl der Nullen im Nenner entspricht der Anzahl der Stellen hinter dem Komma.

Beispiel 1:

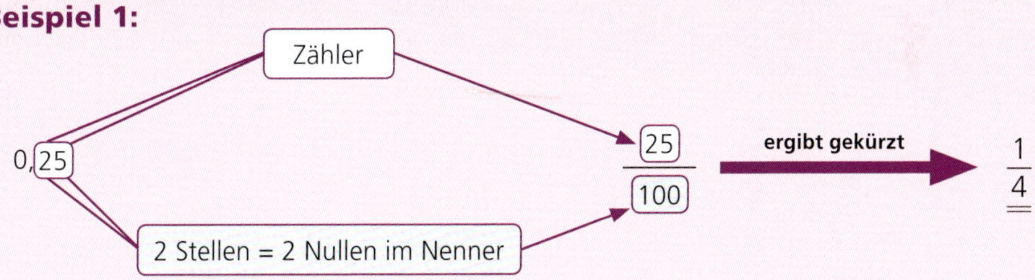

Beispiel 2:

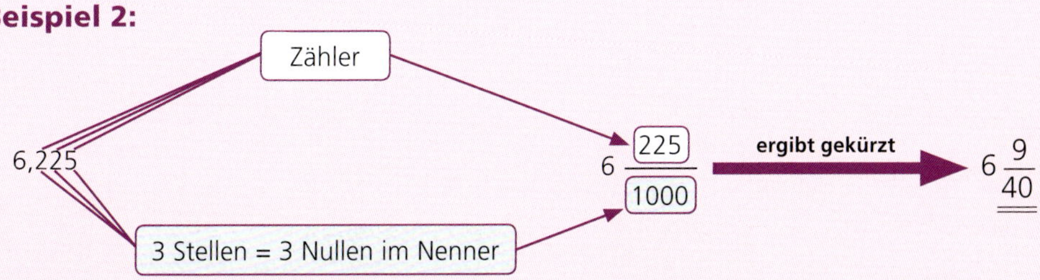

Aufgaben

1. Verwandeln Sie die folgenden Brüche in Dezimalzahlen. Runden Sie das Ergebnis, falls erforderlich, auf 3 Dezimalstellen:

a) $\frac{1}{2}$ d) $\frac{15}{60}$ g) $137\frac{11}{39}$ j) $520\frac{3}{16}$

b) $\frac{25}{100}$ e) $\frac{3}{5}$ h) $19\frac{5}{100}$ k) $5\frac{2}{5}$

c) $\frac{7}{40}$ f) $2\frac{3}{8}$ i) $46\frac{6}{7}$ l) $19\frac{3}{20}$

2. Wandeln Sie in Brüche oder in gemischte Zahlen um:

a) 0,2	d) 0,005	g) 31,375	j) 75,16	m) 17,19
b) 0,6	e) 18,4	h) 0,015	k) 8,0625	n) 3,45
c) 0,125	f) 287,28	i) 2000,08	l) 2,475	o) 5,14

3 Einführung in die Arbeit mit dem Taschenrechner

Fast jedermann besitzt heutzutage einen elektronischen Taschenrechner. Richtig eingesetzt hilft er, langwierige Rechenvorgänge schneller zu erledigen sowie Rechenfehler zu vermeiden. Allerdings setzt dies voraus, dass man den Rechenweg beherrscht und die Einsatzmöglichkeiten seines Taschenrechners kennt. Ohne diese Vorraussetzung ist selbst der teuerste Rechner wirkungslos. Für die Fachmathematik genügt ein Rechner mit den abgebildeten Funktionen.

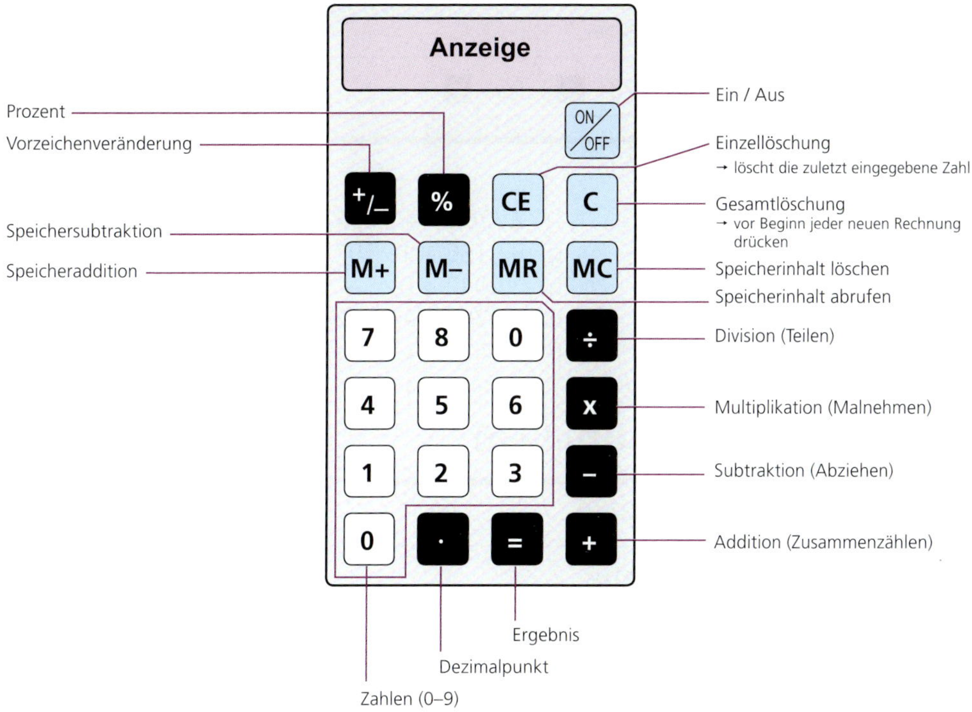

Beachten Sie:

Eine häufige Fehlerquelle bei der Arbeit mit dem Taschenrechner sind sogenannte Eingabefehler, wie beispielsweise „Vertippen". Um solche Fehler zu bemerken, sollte man vor jeder Rechnung das voraussichtliche Ergebnis schätzen. Bedenken Sie bei jedem Einsatz Ihres Rechners:

- Nur wer den Rechenweg kennt, kann den Rechner richtig einsetzen.
- Denken kann kein Taschenrechner, jeder führt nur die eingegebenen Rechenbefehle aus.

3.1 Addieren (Zusammenzählen)

Beispiel 1: 47 + 38,25 + 25,68 = 110,93

Eingabe	Anzeige
C 47 + 38.25 + 25.68 =	110.93

Beispiel 2: 27,30 + 0,378 + 0,85 = 28,528

Eingabe	Anzeige
C 27.3 + .378 + .85 =	28.528

Addieren Sie:

a) 38 + 92 + 57 + 29
b) 2439 + 1864 + 17
c) 0,86 + 2,59 + 312,67
d) 32,4923 + 0,3876 + 415,875
e) 289,2135 + 126,198 + 0,8509
f) 2736,87 + 1894,125 + 638,424
g) 82,186 + 15,197 + 12,819 + 0,341
h) 0,0042 + 0,45 + 1,0768 + 0,057
i) 21,7641 + 0,3628 + 1,7342 + 1884,006
j) 2871,21 + 3004,38 + 2093,41 + 83142,5

3.2 Subtrahieren (Abziehen)

Beispiel 1: 342,19 – 187,28 – 0,37 = 154,54

Eingabe	Anzeige
C 342.19 – 187.28 – .37 =	154.54

Beispiel 2: 6832 – 4159 + 277,12 = 2950,12

Eingabe	Anzeige
C 6832 – 4159 + 277.12 =	2950.12

Subtrahieren Sie:

a) 23,83 – 12,19 – 3,21
b) 45,67 – 3,85 – 1,78
c) 94,049 – 30,7641
d) 0,3196 – 0,1875
e) 548,6317 – 0,8816
f) 342,24 – 283,45
g) 12,1625 – 8,3914 – 2,418
h) 1864 – 28,485
i) 15,8 – 0,875 + 0,625
j) 219,5 + 38,61 – 86,295 – 0,419

3.3 Multiplizieren (Malnehmen)

Beispiel 1: 25,80 · 3,75 · 9,30 = 899,775

Eingabe	Anzeige
C 25.8 X 3.75 X 9.3 =	899.775

Beispiel 2: 1185,6 · 0,825 · 1,40 = 1369,368

Eingabe	Anzeige
C 1185.6 X .825 X 1.4 =	1369.368

Multiplizieren Sie:

a) 18 · 19 · 125
b) 68,5 · 97,342
c) 29,85 · 1,75 · 3,92
d) 218,25 · 513,50 · 14,40
e) 0,45 · 0,98 · 0,745
f) 34,22 · 0,125 · 16,12
g) 21,75 · 3,85 · 0,040
h) 8,425 · 0,0022 · 2 492
i) 0,75 · 1,245 · 2,4
j) 1438 · 124,5 · 0,008

3.4 Dividieren (Teilen)

Beispiel 1: 1316,16 : 27,42 = 48

Eingabe	Anzeige
C 1316.16 ÷ 27.42 =	48

Beispiel 2: 84,525 : 0,0345 = 2 450

Eingabe	Anzeige
C 84.525 ÷ .0345 =	2 450

Dividieren Sie:

a) 6 532 : 92
b) 36 987,5 : 5
c) 23 838,88 : 653,12
d) 27,71 : 0,425
e) 0,495 : 0,036
f) 1,155 : 4,2
g) 31,4388 : 0,369
h) 77 175,375 : 785,5
i) 0,95331 : 0,0258
j) 43 975,128 : 236,4

3.5 Verknüpfen von Punkt- und Strichrechnungen

Beachten Sie:

Punktrechnung kommt vor Strichrechnung.

Beispiel 1: $23 + 14 \cdot 7 = \underline{\underline{121}}$

Eingabe	Anzeige
C 14 **x** 7 **+** 23 **=**	121

Beispiel 2: $\frac{407{,}5 \cdot 8 \cdot 4{,}5}{22{,}5 \cdot 4} = \underline{\underline{163}}$

Eingabe	Anzeige
C 407.5 **x** 8 **x** 4.5 **÷** 22.5 **÷** 4 **=**	163

Beispiel 3: $\frac{106\,650 \cdot 36 \cdot 3\,600}{300 \cdot 1080} = \underline{\underline{42\,660}}$

Eingabe	Anzeige
C 106 650 **x** 36 **÷** 300 **x** 3 600 **÷** 1080 **=**	42 660

Beachten Sie:

Bei der Multiplikation kann das Zwischenergebnis zu groß werden. In der Anzeige erscheint: **E** (**E** steht für Error = Irrtum). In diesen Fall müssen Sie zuerst dividieren.

Berechnen Sie:

a) $73 + 8 \cdot 14$

b) $6\,723 - 16 \cdot 17{,}25$

c) $\frac{36 \cdot 42}{48 \cdot 9}$

d) $\frac{220{,}5 \cdot 12 \cdot 8}{17{,}5 \cdot 18}$

e) $\frac{4970 \cdot 2{,}5 \cdot 42}{25 \cdot 70}$

f) $\frac{71\,100 \cdot 12 \cdot 920}{100 \cdot 360}$

g) $\frac{750\,000 \cdot 9 \cdot 240}{100 \cdot 360}$

h) 217,36 +124,8 : 1,25

3.6 Prozentrechnen

Beispiel 1: 3 % von 356 = 10,68

Eingabe	Anzeige
C 356 x 3 %	10.68

Beispiel 2: 218 – 25 % = 163,50

Eingabe	Anzeige
C 218 x 25 % – =	163.50

Beispiel 3: 380 – 20 % + 14 % = 346,56

Eingabe	Anzeige
C 380 x 20 % – = x 14 % + =	346.56

Beachten Sie:

Die Prozenttaste hat nicht bei allen Taschenrechnern die gleiche Programmierung. Wenn Sie bei den Einführungsbeispielen nicht zu denselben Ergebnissen gelangen, dann ist die Prozenttaste bei Ihrem Rechner anders zu bedienen. Sehen Sie in diesem Fall in der Bedienungsanleitung des Herstellers nach.

Ermitteln Sie:

a) 2½ % von 730
b) 3 % von 1.498,80 €
c) 114 % von 72
d) 998 – 10 %
e) 240 + 15 % + 25 %
f) 4370 + 5 % – 8 %
g) 1.229,25 € + 14 %
h) 3.720 € – 12 % – 2 %
i) 7375,5 + 12 % + 7,5 %
j) 72,80 – 15 % – 5 % + 6%

3.7 Speicherrechnen

Beispiel 1:

$$\begin{array}{r} 21{,}5 \cdot 15{,}30 = 328{,}95 \\ + 17{,}2 \cdot 31{,}75 = 546{,}10 \\ \hline 875{,}05 \end{array}$$

Eingabe	Anzeige
C 21.5 x 15.3 M+ 17.2 x 31.75 M+ MR	875.05

Beispiel 2:

$$\begin{array}{r} 22{,}5 \cdot 18{,}7 = 420{,}75 \\ - 196{,}0 - 12\ \% = 172{,}48 \\ + \quad 17{,}8 \cdot 16{,}5 = 293{,}70 \\ \hline 541{,}97 \end{array}$$

Eingabe	Anzeige
C 22.5 x 18.7 M+ 196 x 12 % – M– 17.8 x 16.5 M+ MR	541.97

Berechnen Sie:

a) 397 · 27 + 73,8 · 12,9
b) 278,6 · 6,8 – 248,4 · 1,69
c) 132,43 · 9,6 – 328,2 · 14,4
d) 34,2 · 12 + 28 · 9,5 – 12,6 · 24,8
e) 31,60 € + (109,50 € – 65,70 €) – (166,05 € – 112,80 €)
f) 8 · 10,4 + 24 + 9,6 + 6 · 34,3 + 9,8
g) 96 · 30,5 + 24,4 · 128,4 + (960 – 9,5 %)
h) 36,4 · 16,5 + 26,2 · 3,6 – (468 + 25%)
i) (987,35 · 75 – 9,6 · 18 – 12,4 · 28) + 22 %
j) (34,2 · 1,25 + 12,8 · 29,1 + 6,5 · 22,4) – 20 %

Vermischte Aufgaben

1.
a) 256 –33,9 – 44,8 + 89,25
b) 2.832,50 € + 128,72 € – 94,20 € – 1.242,78 €
c) 469,93 + 191,15 + 424 : 3,125 + (175 + 25 %)
d) 383,4 + 1407,6 : 24 – 34,24 · 5,75 + 21,45
e) 298,8 · 19,5 : 1,5 + 36 · 1,4 : 1,2

2.

a) $\frac{(216 + 96) \cdot 24 + 102}{66}$

b) $\frac{(135 + 93) : 12 + 78{,}5}{15}$

c) $\frac{(62{,}7 - 1{,}87 - 1{,}43) \cdot 264}{62{,}15 + 36{,}85}$

d) $\frac{(290 - 138) : 8 + 50 \cdot 2}{5}$

e) $\frac{63\,730 \cdot 37{,}4 \cdot 180}{50 \cdot 175}$

f) $\frac{95\,595 \cdot 56{,}1 \cdot 270}{75 \cdot 262{,}5}$

3. Auf dem Sparkonto von Martina befinden sich 325,00 €.
Über welchen Betrag kann sie nach 2½ Jahren verfügen, wenn sie jeden Monat 125,00 € einzahlt?

4. Eine Kundin kauft eine Dose Haarlack für 9,40 €, 1 Zierspange für 6,35 €, 3 verschiedene Glittergele zu jeweils 6,50 €, 1 Flasche Pflegeshampoo für 9,95 € sowie 2 Kur-Balsam zu je 8,65 €.
Wie viel Wechselgeld geben Sie zurück, wenn die Kundin mit einem 100,00-€-Schein bezahlt?

5. Der Friseur Alfred Grün stellt sein eigenes biologisches Naturhaarwasser her. Als „Alfreds Haarwunder" verkauft er es für 7,45 € pro 250-m*l*-Flasche.
a) Wie viel Flaschen kann er aus 37,5 *l* abfüllen?
b) Welchen Wert haben die abgefüllten Flaschen?

6. Bettina hat im Supermarkt eingekauft. Bei der Kontrolle des Kassenbons stellt sie fest, dass ein Betrag falsch eingetippt wurde.
a) Berichtigen Sie den Kassenbon.
b) Ermitteln Sie, wie viel € sie zurückerhalten muss.

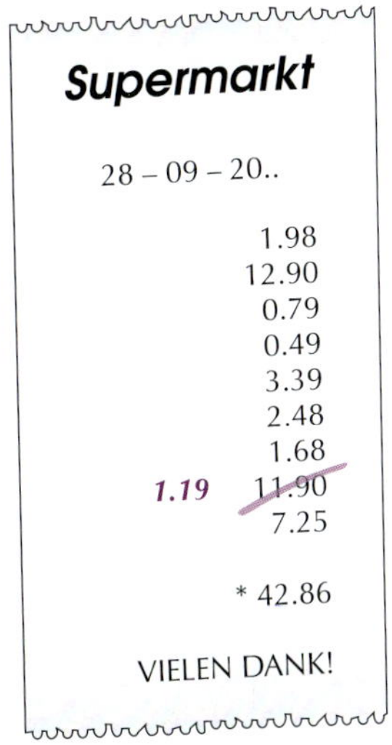

7. Welcher Fachversand bietet das preiswertere Protein-Shampoo an?
Berechnen Sie den Preis für 1 m*l*.

Firma A: 50 m*l* für 4,50 €
Firma B: 1 000 m*l* für 9,45 €
Firma C: 5 000 m*l* für 32,95 €

8. Wegen hervorragender Leistungen wird der Nettolohn einer Friseurin um 5,5 % erhöht.

a) Wie viel € erhält sie ausbezahlt, wenn der bisherige Nettolohn 825,00 € betrug?

b) Ermitteln Sie den Betrag, der ihr jeden Monat zusätzlich zur Verfügung steht.

c) Angenommen, sie würde den monatlichen Mehrbetrag sparen, um damit einen DVD-Recorder für 199,00 € zu kaufen.
Wie lange müsste sie mit dem Kauf warten?

9. Tina hat auf ihrem Girokonto ein Guthaben von 152,26 €.

Wie viel € kann sie diesen Monat ausgeben, wenn folgende Zahlungen berücksichtigt werden müssen:

Lohngutschrift 943,72 €, Mitgliedsbeitrag für Sportverein 17,50 €, Dauerauftrag für die Monatsmiete 455,00 €, ein ausgestellter Scheck über 68,46 €, 6 verschiedene Lastschriften im Gesamtbetrag von 260,63 €?

10. Ein Fachversand für Friseurbedarf erhält den abgebildeten Bestellschein. Da er unvollständig ausgefüllt wurde, müssen die fehlenden Angaben errechnet werden. Ermitteln Sie alle durch Fragezeichen gekennzeichneten fehlenden Angaben.

BESTELLSCHEIN

Bezeichnung der Ware	Bestellnummer	Anzahl	Einzelpreis	Gesamtpreis
Ei-Shampoo (5-l-Kanister)	*12815*	?	*19,75*	*39,50*
Zitronen-Shampoo (5-l-Kan.)	*12817*	?	*22,60*	*67,80*
Zitronen-Spülung (5-l-Kan.)	*12819*	?	*19,50*	*78,00*
Schaumfixierung (5-l-Kan.)	*12841*	?	*19,25*	*77,00*
Rundbürste ∅ 2,7 cm	*11487*	?	*6,49*	*19,47*
Antischuppenwasser (250 ml)	*14352*	?	*4,25*	*59,50*
Nährcreme (50 ml)	*19321*	?	*6,95*	*55,60*
Gesichtsmaske (50 ml)	*19322*	?	*6,25*	*50,00*
Gesichtswasser (200 ml)	*19324*	?	*4,15*	*33,20*
Alle Preise in € zuzüglich Mehrwertsteuer.				?

Friedrichshafen 06. September 20... Berger

Ort Datum Unterschrift

11. Ein Makler bietet Frau Clever zwei verschiedene Mietwohnungen an:

Wohnung A kostet 336,00 € und ist 56 m² groß, Wohnung B hat eine Größe von 48 m² und ist 324,00 € teuer (jeweils Kaltmiete).

a) Welche Wohnung hat den günstigsten Mietpreis pro m²?

b) Welchen Betrag müsste Frau Clever dem jeweiligen Vermieter monatlich überweisen, wenn zusätzlich folgende Nebenkosten anfallen: Wohnung A: 160,00 €; Wohnung B: 140,00 €.

c) Ermitteln Sie, welche Wohnung die niedrigste jährliche Gesamtbelastung verursacht.

12. Von ihrem Chef erhält Martina den nachfolgend abgebildeten Bestellschein. Sie soll die fehlenden Beträge ausrechnen.

a) Berechnen Sie den Gesamtwert der Bestellung.

b) Ermitteln Sie den Rechnungsbetrag einschließlich der Mehrwertsteuer (19 %).

BESTELLSCHEIN

Bezeichnung der Ware	Bestellnummer	Anzahl	Einzelpreis	Gesamtpreis
Wickler 13 mm/je 12	*20580*	*8*	*1,80*	*?*
Wickler 11 mm/je 12	*20582*	*8*	*1,75*	*?*
Wickler 8 mm/je 12	*20590*	*6*	*1,70*	*?*
Wickler 5 mm/je 12	*20594*	*6*	*1,40*	*?*
Ersatzgummi/groß/je 50	*2009*	*2*	*13,00*	*?*
Ersatzgummi/klein/je 50	*2010*	*2*	*11,00*	*?*
Färbeschürzen	*1796*	*5*	*3,75*	*?*
Kabinenumhang	*6033*	*4*	*14,75*	*?*
Dauerwellenumhang	*6035*	*4*	*5,25*	*?*
Alle Preise in € zuzüglich Mehrwertsteuer.				*?*

Darmstadt — *07. September 20...* — Neumann

Ort — Datum — Unterschrift

4 Größen und Einheiten

4.1 Längeneinheiten

Das gesetzliche Längenmaß in Deutschland ist der Meter (m). Für Längen, die kleiner als 1 m sind, verwendet man Dezimeter (dm), Zentimeter (cm) oder Millimeter (mm) als Einheit. Größere Längen werden in Kilometern (km) angegeben.

1 km	1 m	1 dm	1 cm
= 1000 m	= 10 dm	= 10 cm	= 10 mm
= 10 000 dm	= 100 cm	= 100 mm	
= 100 000 cm	= 1000 mm		
= 1 000 000 mm			

Sehr kleine Längen, wie beispielsweise den Durchmesser eines Haares, gibt man in Mikrometern (µm) an.

1 mm = 1000 µm

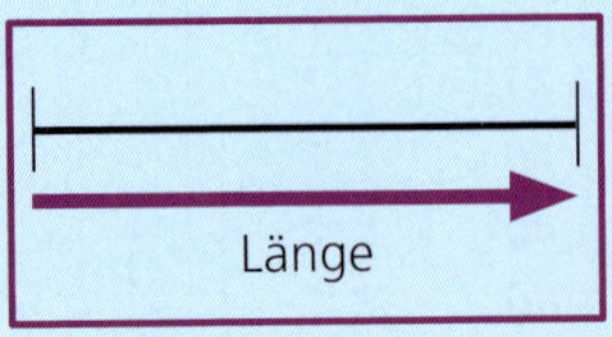

Jede **Länge** hat **eine Ausdehnung**. Die Umwandlungszahl hat deshalb **eine Null**. Um in die nächstkleinere Längeneinheit umzuwandeln, müssen Sie mit **10** multiplizieren. Wollen Sie in die nächstgrößere Einheit umrechnen, dann dividieren Sie durch **10**. Beachten Sie die Ausnahme: Umwandlungszahl 1000 bei km.

Beispiel 1:
Wie viel cm sind 1,5 dm? → *Lösung* → 1,5 dm · **10** = 15 cm

Beispiel 2:
Wie viel cm sind 480 mm? → *Lösung* → 480 mm **:** **10** = 48 cm

Beispiel 3:
Wie viel m sind 1,8 km? → *Lösung* → 1,8 km · **1000** = 1 800 m

Beispiel 4:
Wie viel km sind 12 500 m? → *Lösung* → 12 500 m **:** **1000** = 12,5 km

Aufgaben

1. Wandeln Sie in cm um:

a) 1,5 m
b) 18 mm
c) 6 dm
d) 280 mm
e) 13,8 m
f) 4,2 dm
g) 4 mm
h) 3,6 km

2. Geben Sie in m an:

a) 230 cm
b) 8 500 cm
c) 85 dm
d) 25 km
e) 1 500 mm
f) 2,75 dm
g) 0,02 km
h) 29,5 cm

3. Rechnen Sie in mm um:

a) 37,2 cm
b) 12,8 dm
c) 4,9 m
d) 18,5 cm
e) 0,68 m
f) 0,8 dm
g) 2,03 m
h) 0,4 km

4. Addieren Sie und drücken Sie in m aus:

a) 37 mm + 28 cm + 2,5 m + 0,5 cm
b) 5 dm + 38 cm + 0,25 dm + 39 mm + 1,5 m
c) 91 cm + 0,75 m + 12 mm + 128 mm
d) 57 cm + 5 mm + 24 dm + 0,8 cm + 21 cm

5. Setzen Sie das Komma an der richtigen Stelle:

a) **in km:** 348,2 m
b) **in m:** 2 900 cm
c) **in km:** 750 cm
d) **in m:** 35 dm
e) **in m:** 97 000 000 mm
f) **in km:** 5 dm
g) **in m:** 0,25 km
h) **in m:** 0,5 cm
i) **in m:** 0,004 km

6. Addieren Sie und rechnen Sie um:

a) **in m:** 15 dm + 125 cm + 4 m + 0,8 km
b) **in mm:** 30 cm + 25 mm + 0,5 cm + 14 m
c) **in dm:** 8 m + 17,5 cm + 45 mm + 12,5 dm
d) **in cm:** 40 mm + 5,3 m + 18 dm + 32 cm

7. Das menschliche Haar wächst durchschnittlich 0,3 mm pro Tag.

a) Wie viel cm wächst ein Haar in 2 Monaten?
b) Ein Stammkunde sagt, dass sein Haar seit dem letzten Haarschnitt rund 2 cm gewachsen sei.
Wie viele Tage liegt der Haarschnitt des Kunden zurück?

8. Ein Zehnjähriger atmet in Ruhe ca. 20 Mal je Minute ein und aus, ein Erwachsener durchschnittlicher 8 Mal je Minute.

a) Wie viel Mal atmen ein Zehnjähriger und ein Erwachsener am Tag ein und aus?
b) Wie viel Mal hat ein 70-jähriger Mensch pro Jahr und in seinem Leben ein- und ausgeatmet (Annahme 9 Mal je Minute)?

Formeln für Flächenberechnungen		
Form	**Fläche**	**Beispiel**
Kreis 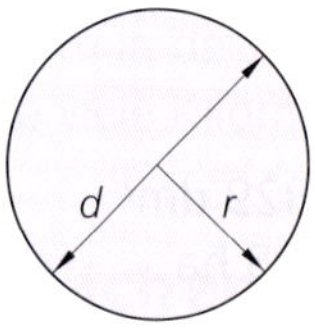	$\boldsymbol{A = \pi \cdot r^2}$ **oder:** $\boldsymbol{A = \frac{\pi \cdot d^2}{4}}$	$r = 1{,}5\ m$ $\boldsymbol{A} = 1{,}5 \cdot 1{,}5\ \text{m} \cdot 3{,}14$ $= \underline{\underline{7{,}065\ \text{m}^2}}$ **oder:** $\boldsymbol{A} = \frac{3\ \text{m} \cdot 3\ \text{m} \cdot 3{,}14}{4}$ $= \underline{\underline{7{,}065\ \text{m}^2}}$

π (ausgesprochen „Pi") ist ein griechischer Buchstabe. π beträgt rund 3,14. So oft ist der Durchmesser eines Kreises in seinem Umfang enthalten.

Aufgaben

1. Berechnen Sie die Flächen der folgenden Dreiecke:
a) $a = 8$ cm, $h = 4{,}5$ cm
b) $a = 39{,}9$ m, $h = 7{,}76$ m
c) $a = 146{,}1$ m, $h = 47{,}4$ m
d) $a = 3$ m, $h = 2{,}1$ m

2. Berechnen Sie die Flächen der folgenden Kreise:
a) $d = 12$ cm
b) $d = 8$ m
c) $r = 4{,}5$ dm
d) $r = 0{,}5$ m

3. Ein Mensch hat ca. 2 000 000 Schweißdrüsen in der Haut.
Wie viele Schweißdrüsen entfallen auf 1 cm^2, wenn die menschliche Haut eine Fläche von rund 1,75 m^2 hat?

4. Der runde Wirbel eines Haarteils hat einen Durchmesser von 5 cm. Auf jeden cm^2 kommen 32 Knüpfknoten.
Wie viele Knüpfknoten hat der Wirbel?

5. Die durchschnittliche Hautfläche eines Menschen beträgt 1,75 m^2. Auf einen cm^2 kommen etwa 15 Talgdrüsen.
Wie viele Talgdrüsen hat ein Mensch?

6. Meister Clever vergleicht die Preislisten von 3 verschiedenen Firmen für Haarwaren und Friseurbedarf, die Haarteile der gleichen Qualität anbieten.
Ermitteln Sie die Grundfläche in cm^2, und stellen Sie fest, welcher Anbieter der preisgünstigste ist, indem Sie den Preis für 1 cm^2 berechnen.

Firma	Größe	Listenpreis
A	8,5 x 10 cm	263,50 €
B	13 x 16 cm	676,00 €
C	8 x 10 cm	236,00 €

7. Herr Knobel kauft ein Wochenendgrundstück, das die abgebildete Form hat.
Wie teuer ist ein m², wenn als Kaufpreis 76.950,00 € vereinbart worden sind?

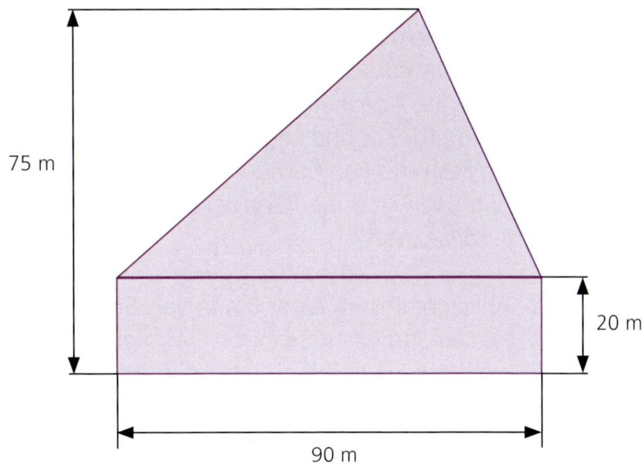

8. Ein Friseursalon soll mit einer neuen Wandverkleidung ausgestattet werden. Der Salon ist 2,60 m hoch, 5,50 m breit und 6,80 m lang. Die abwaschbare Wandbekleidung wird in Platten im Format von 40 cm mal 40 cm geliefert. Eine Platte kostet 14,00 €.

a) Ermitteln Sie, wie viele Platten für die Wandbekleidung benötigt werden. Berücksichtigen Sie dabei, dass für Türen und Fenster rund 14,5 m² abgezogen werden müssen.

b) Wie teuer ist die gesamte Wandverkleidung (ohne Verschnitt)?

9. Für ein Haarteil wird ein Stück Tüll (12 x 18 cm) benötigt. Ein Meter Tüll kostet bei einer Breite von 60 cm 42,00 €.
Ermitteln Sie den Preis für das Teilstück.

10. Für ihre Geburtstagsparty plant Sabine eine Pizza mit Salami, Schinken und Artischocken. Emilio Prontos Pizzaservice bietet vier unterschiedliche Pizzagrößen an:

- Midipizza, rund, 27 cm Durchmesser, 7,00 €
- Maxipizza, rund, 32 cm Durchmesser, 8,50 €
- Familypizza, rechteckig, 46 x 33 cm, 14,00 €
- Partypizza, rechteckig, 60 x 40 cm, 18,50 €

a) Welche Größe ist am preiswertesten? (Berechnen Sie den Preis für 10 cm².)

b) Wie teuer wird eine Einladung für 8 Personen, wenn Emilio Pronto noch pauschal 3,00 € für die Auslieferung verlangt und Sabine davon ausgeht, dass jeder Gast rund 600 cm² Pizza erhält?

11. Tina möchte die Toilette ihrer Wohnung renovieren lassen. Sie will an allen Wänden und auf dem Boden neue Fliesen anbringen lassen.
Folgende Angaben sind zu berücksichtigen: Höhe 2,40 m, Länge 2,10 m, Breite 1,95 m, Abzug für Tür und Fenster 2,45 m². Für die Verlegearbeiten wurde mit dem Fliesenleger ein Festpreis von 650,00 € vereinbart.
Wie hoch sind die Renovierungskosten (ohne Verschnitt), wenn 1 Fliese (10 x 10 cm) 0,55 € kostet?

12. Tüllvegetal ist in einer Breite von 80 cm vorhanden. Ein Meter kostet 43,00 €. Für die Herstellung einer Haararbeit wird ein Stück von 20 x 25 cm benötigt.
Ermitteln Sie den Preis des benötigten Tüllvegetals.

4.3 Volumeneinheiten und Volumenberechnungen

Das gesetzliche Raummaß in Deutschland ist der Kubikmeter (m³). Volumen (Rauminhalte), die kleiner sind als ein m³, können in Kubikdezimetern (dm³), in Kubikzentimetern (cm³) oder in Kubikmillimetern (mm³) gemessen werden.

1 m³		
= 1000 dm³	**1 dm³**	
= 1 000 000 cm³	= 1000 cm³	**1 cm³**
= 1 000 000 000 mm³	= 1 000 000 mm³	= 1000 mm³

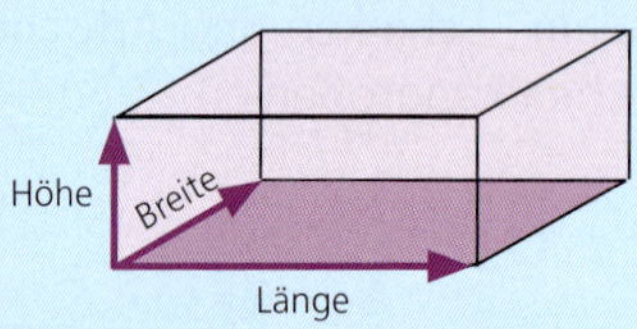

Ein **Raum (Volumen)** hat **drei Ausdehnungen:** Länge, Breite und Höhe. Die Umwandlungszahl hat deshalb **drei Nullen**. Wenn Sie in die nächstkleinere Einheit umrechnen wollen, dann multiplizieren Sie mit **1000**. Wollen Sie in die nächstgrößere Einheit umwandeln, dann dividieren Sie durch **1000**.

Beispiel 1:
Wie viel dm³ sind 3 m³? — *Lösung* → 3 m³ · **1000** = 3 000 dm³

Beispiel 2:
Wie viel dm³ sind 750 cm³? — *Lösung* → 750 cm³ **:** **1000** = 0,75 dm³

Das Volumen von Flüssigkeiten wird meist in Litern angegeben. Kleinere Mengen werden in Zentilitern (cl) oder Millilitern (ml) gemessen. Für größere Einheiten verwendet man Hektoliter (hl) als Bezeichnung.

1 hl = 100 *l* = 10 000 cl = 100 000 ml

1 *l* = 100 cl = 1000 ml

1 cl = 10 ml

1000 *l* = 1 m³

1 *l* = **1 dm³**

1 *l* = 1000 ml = 1000 cm³ = 1 dm³

Beispiel 1:
Wie viel ml sind 2,5 *l*?

Lösung

1 *l* = 1000 ml
2,5 *l* = 2,5 · 1000 = 2 500 ml

Beispiel 2:
Wie viel *l* sind 375 ml?

Lösung

1 *l* = 1000 ml
375 ml = 375 **:** 1000 = 0,375 *l*

Aufgaben

1. Geben Sie in cm³ an:
a) 28,5 dm³ b) 0,45 m³ c) 7 450 mm³ d) 0,032 m³ e) 0,025 dm³

2. Rechnen Sie in m³ um:
a) 9 850 dm³ b) 87 dm³ c) 76 500 cm³ d) 290 cm³ e) 560 000 cm³

3. Zum genauen Abmessen von Wasserstoffperoxid verwendet Anita einen Standzylinder, der 100 ml Flüssigkeit aufnehmen kann. Wie viel cm³ sind dies
a) in cm³? b) in mm³?

4. Wandeln Sie in die gesuchte Einheit um:

a) 9 m³ = ? dm³	d) 15 hl = ? *l*	g) 325 ml = ? cm³
b) 158 dm³ = ? m³	e) 2,5 *l* = ? ml	h) 4,55 *l* = ? cm³
c) 17,5 dm³ = ? cm³	f) 1500 ml = ? *l*	

5. Setzen Sie das Komma an der richtigen Stelle:

a) **in dm^3**: 384,50 m^3
b) **in m^3**: 2 500 dm^3
c) **in mm^3**: 0,125 cm^3
d) **in cm^3**: 6 342 mm^3

6. Addieren Sie:

a) **zu dm^3**: 2,8 m^3 + 716,5 dm^3 + 125 460 cm^3
b) **zu cm^3**: 42 cm^3 + 0,075 m^3 + 9,5 dm^3 + 2 570 mm^3
c) **zu m^3**: 1500 dm^3 + 2,5 m^3 + 175 000 cm^3
d) **zu mm^3**: 0,325 cm^3 + 45 mm^3 + 0,065 dm^3
e) **zu h*l***: 24 *l* + 35 dm^3 + 63 *l* + 3 000 m*l*
f) **zu m*l***: 520 cm^3 + 2,5 *l* + 225 m*l* + 0,025 *l*
g) **zu *l***: 230 cm^3 + 450 m*l* + 3,8 *l* + 2,5 dm^3

Formeln für Volumenberechnungen

Form	Inhalt	Beispiel
Würfel 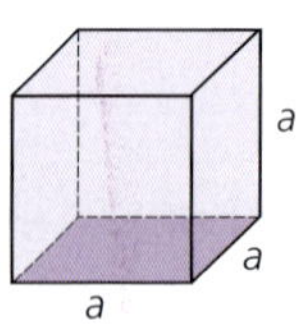	**Volumen** = Grundfläche · Höhe $V = a \cdot a \cdot a$ $V = a^3$	a = 3,5 *cm* V = 3,5 cm · 3,5 cm · 3,5 cm = 42,875 cm^3
Quader 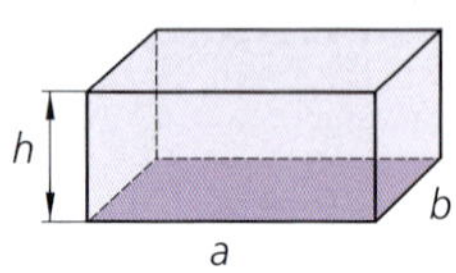	**Volumen** = Grundfläche · Höhe $V = a \cdot b \cdot h$	a = 10 *m*, b = 8 *m*, h = 4 *m* V = 10 m · 8 m · 4 m = 320 m^3
Zylinder 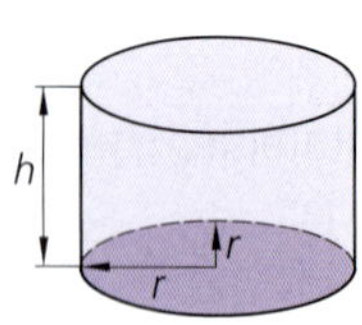	**Volumen** = Grundfläche · Höhe $V = \pi \cdot r^2 \cdot h$	r = 10 *cm*, h = 45 *cm* V = 3,14 · 100 cm^2 · 45 cm = 14 130 cm^3

Aufgaben

1. Für die Desinfektion verschiedener Werkzeuge benützt eine Kosmetikerin eine Schale, die 25 cm lang, 20 cm breit und 15 cm hoch ist. Damit die Werkzeuge genügend Platz haben, wird die Schale nur zur Hälfte mit Desinfektionslösung gefüllt.
Berechnen Sie, welche Menge Desinfektionslösung (in Litern) eingefüllt werden muss.

2. Vor Dauerwellbehandlungen wird am Haaransatz eine Schutzcreme aufgetragen. Geliefert wird die Creme in einem 3000 cm^3 fassenden Behälter. Für die tägliche Verwendung wird die Creme in eine kleine Dose umgefüllt. Diese ist 4 cm hoch und hat einen Innendurchmesser von 9 cm.

a) Ermitteln Sie, welches Fassungsvermögen die Dose hat.

b) Berechnen Sie, wie oft die Dose aus dem größeren Behälter gefüllt werden kann.

3. Eine Packung Orangensaft hat folgende Abmessungen: Breite 6,2 cm, Länge 9,8 cm, Höhe 16,5 cm. Laut Packungsaufschrift soll 1 Liter Saft enthalten sein. Überprüfen Sie diese Angabe.

4. Ein Waschmittelkonzentrat wird aus dem abgebildeten durchsichtigen Kanister abgefüllt.

a) Ermitteln Sie, wie viel *l* Flüssigkeit in dem Kanister enthalten sind.

b) Wie viel *l* Waschmittellösung können aus der vorhandenen Menge hergestellt werden, wenn das Konzentrat im Verhältnis 1:15 verdünnt werden muss?

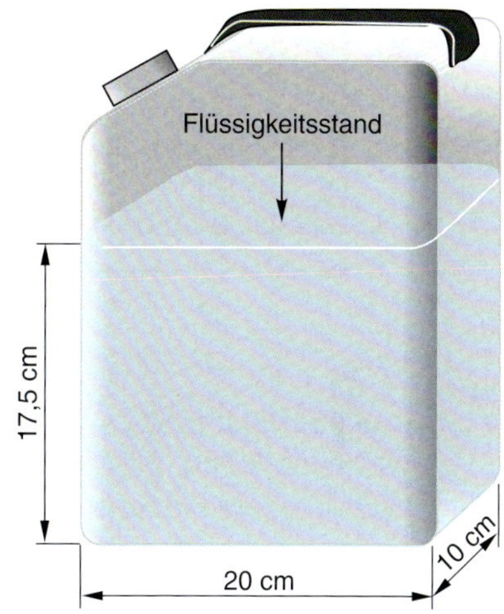

5. Meister Fuchs möchte seinen Herrensalon neu einrichten und dadurch mehr Arbeitsplätze schaffen. Der Salon hat folgende Abmessungen: Länge 8,45 m, Breite 5,42 m, Höhe 2,95 m.

a) Wie viele Arbeitsplätze kann er einrichten, wenn die Arbeitsstättenverordnung für jeden Arbeitnehmer 15 m^3 Luftraum vorsieht?

b) Meister Fuchs hat in seinem Salon keine Lüftungsanlage installiert. In diesem Fall verlangt die Berufsgenossenschaft 25 m^3 Luftraum für jeden Arbeitnehmer.
Wie viele Arbeitsplätze können in diesem Fall eingerichtet werden?

6. Mit dickwandigen Glasflaschen versuchen viele Hersteller von Kosmetikartikeln einen wesentlich größeren Rauminhalt vorzutäuschen.

a) Welcher Rauminhalt ergibt sich, wenn die Außenmaße der Flasche zugrunde gelegt werden?

b) Welcher Rauminhalt ergibt sich, wenn die Innenmaße der Flasche zugrunde gelegt werden?

c) Welchen Rauminhalt hat der Verpackungskarton?

d) Legen Sie den Rauminhalt des Verpackungskartons zugrunde und geben Sie an, welcher zusätzliche Rauminhalt durch eine derartige Mogelpackung vorgetäuscht wird.

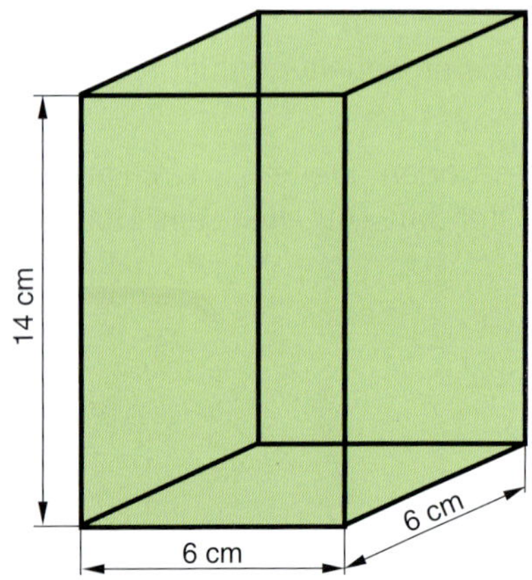

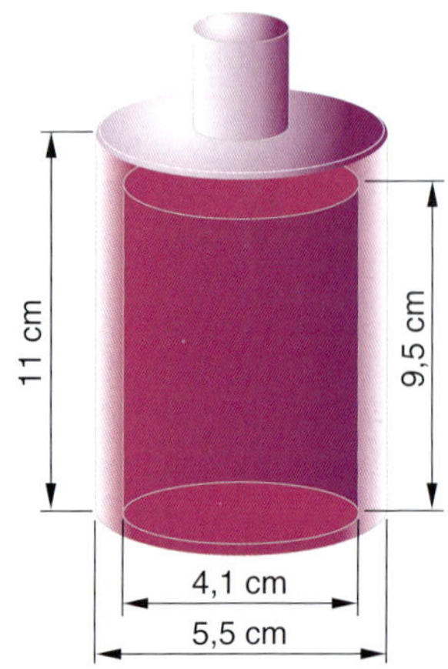

7. In 1 mm^3 Blut sind ca. 5 000 000 rote Blutkörperchen enthalten. Bei einem Körpergewicht von 90 kg hat Amanda Winzig rund 7,2 *l* Blut.
Wie viele rote Blutkörperchen sind dies?

4.4 Masseneinheiten (Gewichte)

In der Umgangssprache bezeichnet man **Massen** als **Gewichte**. Die gesetzliche Masseneinheit ist das Kilogramm (kg). Für Massen, die kleiner als ein kg sind, verwendet man die Einheit Gramm (g) oder Milligramm (mg). Sehr große Massen werden in Tonnen (t) angegeben.

1 t = 1000 kg = 1 000 000 g = 1000 000 000 mg

1 kg = 1000 g = 1000 000 mg

1 g = 1000 mg

Die Umwandlungszahl für Masseneinheiten ist **1000**. Um in die nächstkleinere Einheit umzurechnen, müssen Sie mit **1000** multiplizieren. Wenn Sie in die nächstgrößere Einheit umwandeln möchten, dann müssen Sie durch **1000** dividieren.

Beispiel 1:
Wie viel g sind 2,25 kg? → *Lösung* → 2,25 kg · **1000** = 2 250 g

Beispiel 2:
Wie viel kg sind 425 g? → *Lösung* → 425 g **:** **1000** = 0,425 kg

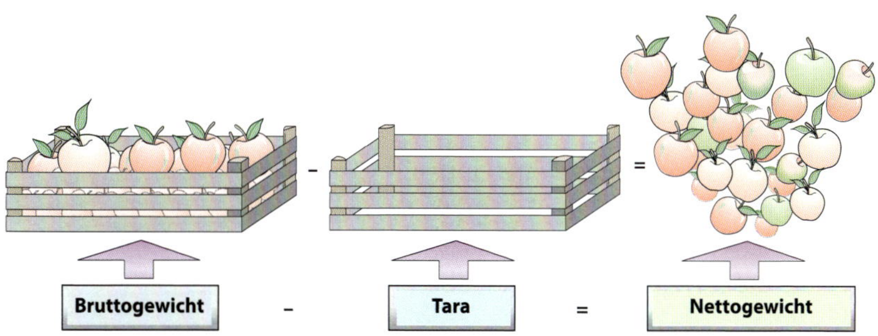

Unter **Bruttogewicht** versteht man das Gesamtgewicht einer Ware einschließlich der Verpackung. Das **Nettogewicht** ist das reine Warengewicht. Die **Tara** ist das Gewicht der Verpackung.

Bruttogewicht – Tara = **Nettogewicht**
Nettogewicht + Tara = **Bruttogewicht**
Bruttogewicht – Nettogewicht = **Tara**

Beispiel:
Salon Schick erhält eine Lieferung mit verschiedenen Kosmetikartikeln. Das Bruttogewicht der Sendung beträgt 18,8 kg, die Verpackung wiegt 3,5 kg.

Berechnen Sie das Nettogewicht.

Lösung →

Bruttogewicht	18,8 kg
– Tara	3,5 kg
Nettogewicht	**15,3 kg**

Aufgaben

1. Geben Sie in t an:
a) 3 000 kg b) 26 320 kg c) 650 kg d) 325 000 g e) 54 kg f) 5,75 kg

2. Rechnen Sie in kg um:
a) 1,45 t b) 60 g c) 0,42 t d) 9 500 g e) 250 g f) 700 g

3. Addieren Sie, und drücken Sie in kg aus:
a) 3 500 g + 250 kg + 0,35 t b) 1,75 t + 62,25 kg + 18 500 g + 0,75 kg

4. Setzen Sie das Komma an der richtigen Stelle:
a) **in kg:** 7 550 g c) **in t:** 4 520 kg e) **in kg:** 0,35 t g) **in t:** 42 500 g
b) **in kg:** 450 g d) **in t:** 89 400 kg f) **in t:** 52 kg h) **in kg:** 0,023 t

5. Rechnen Sie in die jeweils gesuchte Einheit um:
a) 2,43 t = **?** kg b) 6,37 kg = **?** g c) 42,9 g = **?** kg d) 95 kg = **?** t

6. Ermitteln Sie die jeweils fehlende Angabe:

	Bruttogewicht	Nettogewicht	Tara
a)	18,5 kg	14,50 kg	?
b)	?	12,75 kg	1,5 kg
c)	1,95 kg	?	0,6 kg

7. Aus Umweltschutzgründen ändert eine Kosmetikfirma die Verpackung ihres Kopfwaschmittels. Bisher betrug das Bruttogewicht der 4 Kanister 44,5 kg. Die umweltfreundlichere Verpackung ist $\frac{1}{3}$ leichter.
Wie hoch ist das neue Verpackungsgewicht, wenn ein Kanister rund 10 kg Inhalt hat?

8. Bei einer Tube Make-up beträgt das Tubengewicht 15 g, dies ist rund $\frac{1}{6}$ des Bruttogewichts.
Wie viel g wiegt der Inhalt?

9. Welches Bruttogewicht hatte eine Lieferung, wenn die Tara 1,2 kg und das Nettogewicht 9,4 kg betrugen?

10. Für die Herstellung verschiedener Haarteile werden folgende Haarsorten benötigt:

- 120 g Eurohaar, gekraust, 20 cm lang, 1 kg zu 910,00 €
- 250 g Exporthaar, glatt, 25 cm lang, 1 kg zu 274,00 €
- 180 g Indohaar, gekraust, 30 cm lang, 1 kg zu 468,00 €

a) Wie viel wiegt die Sendung, wenn das Gewicht der Tara 0,2 kg beträgt?

b) Wie teuer ist die Lieferung, wenn zum Preis der Haare noch 4,25 € für Versand und Verpackung anfallen?

11. Etwa $\frac{1}{6}$ des gesamten Körpergewichtes entfällt auf die Haut.
Ermitteln Sie das Hautgewicht eines 84 kg schweren Menschen.

12. Ein normales Haar kann mit ca. 70 g belastet werden, bis es reißt.

a) Mit wie viel t können die 90 000 Haare eines Schopfes theoretisch belastet werden?

b) Nach einer Dauerwellbehandlung vermindert sich die Belastbarkeit des Haares um $\frac{2}{3}$.
Ermitteln Sie das Gewicht, mit dem ein Schopf von 90 000 Haaren belastet werden kann.

Vermischte Aufgaben

1. Für eine Kopfwäsche im Herrensalon werden durchschnittlich 8 *l* Wasser benötigt.

a) Berechnen Sie, wie viele Kopfwäschen mit 1 m^3 möglich sind.

b) Wie teuer ist das Wasser für eine Kopfwäsche, wenn bei den städtischen Wasserwerken 1 m^3 3,75 € kostet?

2. Die Haare eines Kunden werden um 2,5 cm gekürzt.
Wie lange dauert es, bis die Haare entsprechend nachgewachsen sind? Gehen Sie bei der Berechnung davon aus, dass ein Haar im Durchschnitt 0,3 mm pro Tag wächst. Runden Sie das Ergebnis auf ganze Tage.

3. Für die Herstellung eines Toupets wird ein 30 cm langes und 32 cm breites Stück Seidengaze benötigt.

a) Ermitteln Sie, wie viel cm^2 dies sind.

b) Wie teuer ist das Stück Seidengaze, wenn ein Meter 60 cm breite Seidengaze 74,25 € kostet?

4. Karin erbt eine Münze aus reinem Gold. Diese hat einen Durchmesser von 30 mm und eine Höhe von 2 mm.

a) Welchen Rauminhalt hat die Goldmünze?

b) Berechnen Sie das Gewicht der Münze. Gehen Sie dabei davon aus, dass 1 cm^3 Gold 19,25 g wiegt.

c) Welchen Wert hat die Goldmünze, wenn 1 g Gold rund 5,50 € kostet?

5. Ermitteln Sie, wie viel Blondierpulver in der abgebildeten zylindrischen Dose noch enthalten ist.

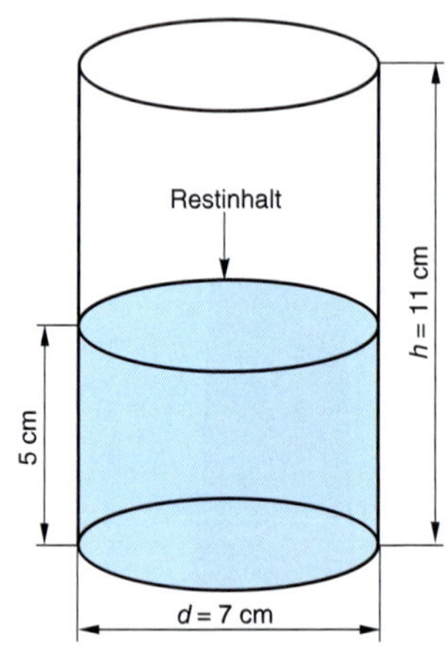

6. Ein rechteckiger Putzeimer hat folgende Abmessungen: Länge 35 cm, Höhe 30 cm, Breite 28 cm.
Wie viel Liter kann der Eimer aufnehmen?

7. Eine Warensendung mit Kosmetikartikeln wiegt 37,2 kg. Die Tara beträgt 3,9 kg.
Welches Nettogewicht hat die Sendung?

8. Claudia und Petra haben gemeinsam für 395,00 € die abgebildete Zweizimmerwohnung gemietet. Da Bad, WC und Küche gemeinsam genutzt werden, haben Petra und Claudia vereinbart, die Miete entsprechend der Fläche ihrer beiden Zimmer aufzuteilen.
Wie viel € beträgt der Mietanteil von Claudia und wie viel der von Petra?

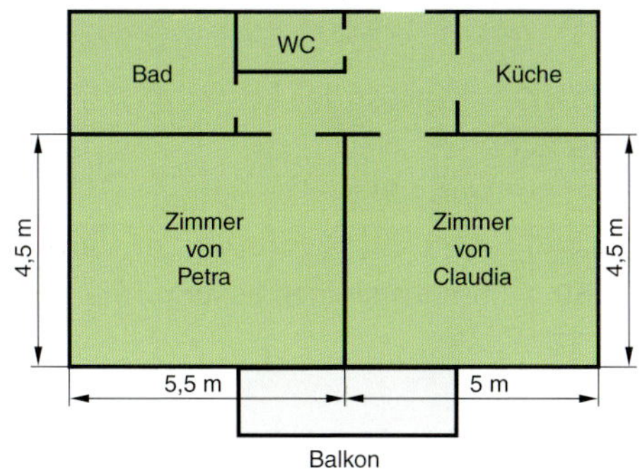

9. Die fünfzehnjährige Tina putzt jeden Morgen und jeden Abend ihre Zähne. Sie verbraucht dabei jedesmal 2 cm Zahnpasta.

a) Wie viel m ergibt dies in einem Jahr?
b) Wie viel m hat Tina verbraucht, wenn sie 85 Jahre alt ist?
c) Eine Tube Zahnpasta hat 75 ml Inhalt. Wie viele Tuben muss sie in einem Jahr mindestens kaufen, wenn sie bei jedem Zähneputzen rund 1,1 ml verbraucht?

10. Ermitteln Sie die Materialkosten für ein Haarteil, wenn folgendes Material verarbeitet wird:

- 75 cm Montierband (7,50 € je 10-m-Rolle)
- 20 cm auf 15 cm Tüll (17,25 € pro Meter in 70 cm Breite)
- 50 g Haare (462,50 € je kg)
- sonstige Teile 2,40 €

11. Freddy fliegt mit seinem Freund nach Mallorca. Sein Koffer wiegt 9,35 kg, seine Reisetasche hat ein Gewicht von 6,45 kg.
Wie viel kg dürfen seine Reiseandenken beim Rückflug wiegen, wenn er 20 kg Freigepäck mitnehmen darf?

12. Bei einer Demonstration wurde das Schaufenster des Salons Neumann eingeworfen. Die Scheibe ist 1,65 m hoch und 2,50 m breit. Mit dem Glasermeister wurde für das Einsetzen der Scheibe ein Pauschalbetrag von 180,00 € je m^2 vereinbart.
Wie viel € muss Herr Neumann zahlen?

13. Die 2 Millionen Schweißdrüsen des Menschen geben durchschnittlich 2 l Schweiß pro Tag ab.
Wie viel ml sondert eine Schweißdrüse pro Tag ab?

5 Das Dreisatzrechnen

5.1 Einfacher Dreisatz mit geradem Verhältnis

Beispiel:

Ein Karton mit 50 Portionsflaschen Kurfestiger kostet 41,25 €.
Wie teuer sind 6 Portionsfläschchen?

Lösung:

gegebene Menge →	**50** Portionsflaschen kosten	=	41,25 €
Mengeneinheit →	**1** Portionsflasche kostet den **50. Teil**	=	$\frac{41{,}25\ €}{50}$
gesuchte Menge →	**6** Portionsflaschen kosten **6-mal mehr**	=	$\frac{41{,}25 \cdot 6}{50} = \underline{\underline{4{,}95\ €}}$

Ergebnis: 6 Portionsflaschen Kurfestiger kosten 4,95 €.

Sie sehen: Die Lösung einer Dreisatzaufgabe erfolgt in **3 Schritten**. Ausgehend von der **vorhandenen Menge** führt der Lösungsweg über die **Einheit** zur **gesuchten Menge**. Da es zu umständlich ist, die Einheit jedes Mal gesondert auszurechnen, fasst man alle Zahlen in einem Bruch, dem sogenannten **Bruchsatz**, zusammen. Somit ergibt sich folgende Kurzlösung:

Kurzlösung:

50 Portionsflaschen	=	41,25 €	← ① Bedingungssatz
6 Portionsflaschen	=	x €	← ② Fragesatz
$x = \frac{41{,}25 \cdot 6}{50}$	=	$\underline{\underline{4{,}95\ €}}$	← ③ Bruchsatz

Lösungsweg:

① Stellen Sie den **Bedingungssatz** auf, indem Sie die gegebenen Größen in die erste Zeile setzen.
② Stellen Sie den **Fragesatz** in die zweite Zeile. Schreiben Sie gleiche Einheiten untereinander. Die gesuchte Einheit steht immer **rechts**.
③ Ermitteln Sie den **Bruchsatz**, indem Sie bei der Lösung folgendermaßen sprechen:
50 Portionsflaschen kosten 41,25 € → 41,25 auf den Bruchstrich
1 Portionsflasche kostet 50-mal **weniger** → 50 **unter** den Bruchstrich
6 Portionsflaschen kosten 6-mal **mehr** → 6 **auf** den Bruchstrich

Beachten Sie:

mehr ← Immer **auf** den Bruchstrich

---

weniger ← Immer **unter** den Bruchstrich

Von einem **geraden Verhältnis** spricht man, wenn sich die linke Seite des Dreisatzes in die gleiche Richtung verändert wie die rechte Seite. Beispiel: Wird **weniger** Kurfestiger gekauft, dann kostet er **weniger** €.

gerades Verhältnis

↓ **weniger** Kurfestiger = **weniger** € ↓

gerades Verhältnis

↑ **mehr** Kurfestiger = **mehr** € ↑

Aufgaben

1. Die Friseurin Tina hat im Juni 8 Überstunden geleistet. Dafür wurden ihr zusätzlich 61,60 € ausbezahlt.
Wie viel € erhält sie im Juli für 13 Überstunden?

2. Von einer gebrauchsfertigen Kurfixierung werden pro Dauerwelle 75 ml benötigt. Wie viele Anwendungen sind mit einem 3-l-Kanister möglich?

3. Das Motorrad von Sabine verbraucht rund 4,6 l Benzin auf 100 km.
Wie viel Liter verbraucht das Motorrad auf einer Urlaubsfahrt von 1250 km?

4. 50 Kissen mit Kurshampoo kosten 39,50 €. Wie teuer sind 15 Kissen?

5. Der Auslieferungsfahrer einer Kosmetikfirma kann bei 8-stündiger Arbeitszeit durchschnittlich 30 Friseurbetriebe pro Tag beliefern. Nach einer Tarifvertragsänderung beträgt seine tägliche Arbeitszeit 7,2 Stunden.

Wie viele Friseure können jetzt beliefert werden?

6. Melanie ist teilzeitbeschäftigt. Bei einer monatlichen Arbeitszeit von 72 Stunden erhält sie einen Bruttolohn von 525,60 €.
Wie hoch wäre ihr Bruttolohn bei einer Arbeitszeit von 108 Stunden?

7. 125 ml einer Pflegespülung kosten 2,99 €. Wie viel € kosten 1000 ml?

8. Martina lässt im Fotogeschäft 32 Abzüge von ihren Urlaubsfotos machen. Sie bezahlt dafür 7,68 €.
Wie viel € muss sie bezahlen, wenn sie für ihre Freundin Tanja 17 weitere Abzüge anfertigen lässt?

9. Im letzten Monat war die Verpackungsanlage einer Zahnpastafabrik 176 Stunden in Betrieb. In dieser Zeit wurden 2 376 000 Tuben Zahnpasta gefüllt, verschlossen und in 90 Tuben fassende Versandkartons abgepackt.

a) Wie viele Tuben können an einem normalen 8-stündigen Arbeitstag abgefüllt werden?
b) Wie lange dauert es, bis ein Großauftrag über 495 Versandkartons abgepackt ist?

10. Für die Fahrt in die Berufsschule bildet Klaus mit 3 anderen Auszubildenden eine Fahrgemeinschaft.
Wie viel € muss jeder Mitfahrer an Klaus bezahlen, wenn dessen Auto rund 8,5 *l* Benzin auf 100 km verbraucht, 1 *l* Benzin 1,62 € kostet und jedes Mal rund 60 km gefahren werden?

11. Meister Glatz will den Fußboden seines Herrensalons mit neuen Fliesen auslegen lassen. Der Salon hat eine Größe von 7 x 6 m. Mit dem Fliesenleger wurde ein Pauschalpreis von 2.415,00 € vereinbart.
Wie viel € würde es insgesamt kosten, wenn Meister Glatz zusätzlich die Fliesen im 8 x 9 m großen Damensalon erneuern lassen würde?

12. In einer Kosmetikfabrik wird von 2 Maschinen Haarwasser abgefüllt. Maschine 1 füllt 5 600 Flaschen in 8 Stunden ab, Maschine 2 füllt in der gleichen Zeit 6 720 Flaschen ab.

a) Wie viele Flaschen werden von jeder Maschine in 20 Stunden abgefüllt?
b) Wie viele Minuten braucht jede Maschine für jeweils 350 Flaschen?

13. Wie jeden Morgen, kurz bevor der Salon Feucht geöffnet wird, muss der Auszubildende Thomas die Shampooflaschen nachfüllen. Dabei stellt er fest, dass von den verschiedenen Shampoos noch folgende Mengen in den Literflaschen sind:

- Shampoo gegen Schuppen: 880 ml
- Shampoo gegen fettiges Haar: 910 ml
- Shampoo für normales Haar: 775 m *l*

Berechnen Sie, wie viele Kunden mit den einzelnen Shampoos behandelt wurden. Gehen Sie davon aus, dass im Salon Feucht rund 15 ml für eine Haarwäsche verbraucht werden.

14. Für einen Verkaufsumsatz von 21 500,00 € erhielt ein Verkäufer im April eine Verkaufsprämie von 430,00 €.
Wie viel € Verkaufsprämie erhält er im Mai, wenn er eine Umsatzsteigerung um 5 850,00 € erzielt?

5.2 Einfacher Dreisatz mit ungeradem Verhältnis

Beispiel:

Für den Umbau eines Friseurgeschäftes brauchen 7 Arbeiter 8 Tage.
Wie viele Tage benötigen 4 Arbeiter?

Lösung:

gegebene Menge →	**7**	Arbeiter brauchen	= 8 Tage
Mengeneinheit →	**1**	Arbeiter braucht **7-mal mehr**	= 8 Tage · 7
gesuchte Menge →	**4**	Arbeiter brauchen den **4. Teil**	$= \frac{8 \cdot 7}{4} = \underline{\underline{14 \text{ Tage}}}$

Ergebnis: 4 Arbeiter benötigen 14 Tage für den Umbau.

Sie sehen: Auch die Lösung dieser Dreisatzaufgabe erfolgt in **3 Schritten**. Ausgehend von der **gegebenen Menge** führt der Lösungsweg über die **Einheit** zur **gesuchten Menge**. Da es auch hier zu umständlich ist, die Einheit jedes Mal gesondert auszurechnen, fasst man alle Zahlen in einem Bruch, dem sogenannten **Bruchsatz**, zusammen. Somit ergibt sich folgende Kurzlösung:

Kurzlösung:

↓ 7 Arbeiter	=	↑ 8 Tage	← ① Bedingungssatz
4 Arbeiter	=	x Tage	← ② Fragesatz
		$x = \frac{8 \cdot 7}{4} = \underline{\underline{14 \text{ Tage}}}$	← ③ Bruchsatz

Lösungsweg:

① Stellen Sie den **Bedingungssatz** auf, indem Sie die gegebenen Größen in die erste Zeile setzen.

② Setzen Sie den **Fragesatz** in die zweite Zeile. Schreiben Sie gleiche Einheiten untereinander. Die gesuchte Einheit steht immer **rechts**.

③ Ermitteln Sie den **Bruchsatz**, indem Sie bei der Lösung folgendermaßen sprechen:

7 Arbeiter brauchen 8 Tage ➞ 8 auf den Bruchstrich
1 Arbeiter braucht 7-mal **mehr** ➞ 7 **auf** den Bruchstrich
4 Arbeiter brauchen 4-mal **weniger** ➞ 4 **unter** den Bruchstrich

11. Der Apotheker Arno Grün stellt ein eigenes „Bio-Haarwasser" her. Als „Arno Grüns Schuppenkiller" verkauft er es in seiner Apotheke. Für eine bestimmte Menge Haarwasser werden 28 *l* 60%iger Alkohol benötigt. Da der Vorrat an 60%igem Alkohol aufgebraucht ist, muss er 80%igen verwenden.
Welche Menge 80%igen Alkohol muss er hinzugeben?

12. Wegen rückläufigen Absatzes sollen in einem Unternehmen 6 Mitarbeiter entlassen werden. Um die Entlassung zu vermeiden, entschließen sich alle 24 Beschäftigten zur Teilzeitarbeit.
Um wie viele Stunden muss jeder einzelne Beschäftigte pro Woche seine Arbeitszeit reduzieren, wenn die normale Wochenarbeitszeit 40 Stunden beträgt?

13. Bei einem Übernachtungspreis von 48,00 € kann Sonja 9 Tage in Urlaub fahren.
Wie lange kann sie bleiben, wenn sie gemeinsam mit ihrer Freundin ein Doppelzimmer bucht, das insgesamt 60,00 € kostet?

Vermischte Aufgaben

Bearbeitungshinweis:
Lesen Sie bei den nachfolgenden Aufgaben zuerst den gesamten Text, bevor Sie den Aufgabenteil „a" bearbeiten.

1. Ein Karton mit 25 Portionsflaschen Farbfestiger kostet 49,00 €.

a) Geben Sie an, ob es sich um einen Dreisatz mit geradem oder um einen Dreisatz mit ungeradem Verhältnis handelt.
b) Wie viel muss eine Kundin bezahlen, die 4 Portionsflaschen möchte?

2. Eine Berufsschulklasse mit 24 Schülern möchte eine Fachmesse besuchen. Die Kosten für den Bus betragen pro Schüler 17,25 €. Am Ausflugstag sind 2 Schüler krank.

a) Welche Dreisatzart liegt vor?
b) Wie hoch ist jetzt der Fahrpreis pro Schüler?

3. 35 cm langes Indohaar kostet 740,00 € je kg.

a) Um welche Dreisatzart handelt es sich?
b) Wie viel € kosten 60 g Indohaar, die für ein Haarteil benötigt werden?

4. Gebrauchsfertige Dauerwell-Lotion wird in Literflaschen zu 21,42 € angeboten.

a) Geben Sie an, welche Dreisatzart vorliegt.
b) Wie hoch sind die Kosten für eine Dauerwelle, wenn laut Gebrauchsanweisung dafür 75 m*l* abgefüllt werden müssen?

5. Eine Vorratsflasche mit Haarfestiger ermöglicht einer Kundin mit mittlerer Haarlänge rund 14 Anwendungen.

a) Welche Dreisatzart liegt vor?
b) Wie viele Anwendungen sind möglich, wenn sich die Kundin ihre Haare um 75 % kürzen lässt?

6. Ein Friseur bezahlt im Einkauf für eine 200-ml-Flasche Föhnlotion 12,99 €. Eine 18-ml-Portionsflasche der gleichen Lotion wird für 1,24 € angeboten.

a) Geben Sie an, welche Dreisatzart vorliegt.
b) Berechnen Sie, wie viel € je Behandlung der Friseur spart, wenn er statt der Portionsflasche die 200-ml-Flasche einkauft. Gehen Sie bei der Berechnung davon aus, dass pro Behandlung rund 18 ml Lotion verbraucht werden.

7. Für den Umbau eines Friseurgeschäftes sind 6 Handwerker mit 4 Arbeitstagen vorgesehen. Auf Drängen der Friseurmeisterin stellt die Baufirma 2 weitere Handwerker für die Arbeiten ab.

a) Um welche Dreisatzart handelt es sich?
b) Wie viele Tage werden jetzt benötigt?

8. Wenn am Tag durchschnittlich 600 ml verbraucht werden, dann reicht ein Vorrat von 9%igem Wasserstoffperoxid 40 Tage. Durch eine Werbeaktion steigt der Verbrauch auf 800 ml am Tag.

a) Geben Sie an, um welche Dreisatzart es sich handelt.
b) Nach wie vielen Tagen muss jetzt nachbestellt werden, wenn der gleiche Vorrat zugrunde gelegt wird?

9. Eine 200-ml-Flasche Schaumbad kostet 3,45 €. Laut Empfehlung des Herstellers werden für ein Vollbad 18 ml benötigt, dies entspricht einer Füllung der Verschlusskappe.

a) Geben Sie die richtige Dreisatzart an.
b) Wie teuer ist ein Vollbad?

10. In einem Friseurgeschäft reicht eine bestimmte Anzahl Einweg-Friseurumhänge 30 Tage, wenn täglich 68 Stück verbraucht werden.

a) Geben Sie die entsprechende Dreisatzart an.
b) Wie lange reicht der Vorrat, wenn täglich 85 Einweg-Friseurumhänge benötigt werden?

11. 100 Friseurhandschuhe aus Vinyl kosten 9,90 €.

a) Welche Dreisatzart liegt vor?
b) Wie teuer sind 2 Handschuhe?

5.3 Zusammengesetzter Dreisatz

Beispiel:

Die 6 Friseurinnen des Salons Saubermann verbrauchen in 14 Tagen 24 große Flaschen Shampoo. Herr Saubermann bestellt 48 Flaschen Shampoo.

Wann ist der Vorrat aufgebraucht, wenn 2 zusätzliche Mitarbeiterinnen eingestellt werden?

Lösung:

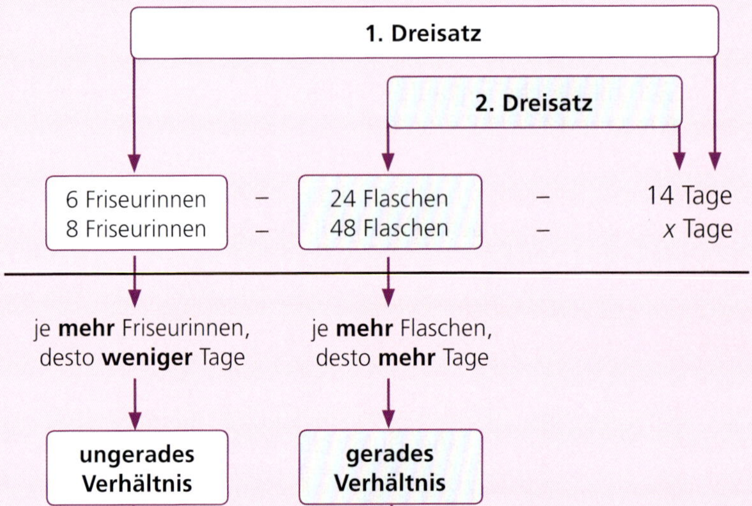

$$x = \frac{14 \cdot 6 \cdot 48}{8 \cdot 24} = \underline{\underline{21 \text{ Tage}}}$$

Sie sehen: Jeder **zusammengesetzte Dreisatz** besteht aus mehreren einfachen Dreisätzen. Um einen zusammengesetzten Dreisatz zu lösen, teilt man ihn in einfache Dreisätze auf und stellt für jeden dieser Dreisätze fest, ob ein gerades oder ein ungerades Verhältnis vorliegt. Dementsprechend werden die einzelnen Dreisätze auf einen gemeinsamen Bruchstrich übertragen. Somit ergibt sich folgende Kurzlösung:

Kurzlösung:

↑ 6 Friseurinnen – ↓ 24 Flaschen – 14 Tage	①	Bedingungssatz
8 Friseurinnen – 48 Flaschen – x Tage	②	Fragesatz
$x = \frac{14 \cdot 6 \cdot 48}{8 \cdot 24} = \underline{\underline{21 \text{ Tage}}}$	③	Bruchsatz

Lösungsweg:

① Stellen Sie den **Bedingungssatz** auf, indem Sie die gegebenen Größen in die erste Zeile setzen.

② Setzen Sie den **Fragesatz** in die zweite Zeile. Achten Sie darauf, dass gleiche Einheiten untereinander stehen. Die gesuchte Einheit steht immer **rechts**.

③ Ermitteln Sie den **Bruchsatz.** Stellen Sie hierzu für jeden Dreisatz fest, ob ein gerades oder ein ungerades Verhältnis vorliegt. Übertragen Sie dann die einzelnen Dreisätze auf den Bruchstrich, indem Sie folgendermaßen sprechen:

1. Dreisatz

6 Friseurinnen benötigen 14 Tage → 14 auf den Bruchstrich
1 Friseurin benötigt 6-mal **mehr** → 6 **auf** den Bruchstrich
8 Friseurinnen benötigen 8-mal **weniger** → 8 **unter** den Bruchstrich

2. Dreisatz

24 Flaschen reichen 14 Tage → 14 steht bereits auf dem Bruchstrich
1 Flasche reicht 24-mal **weniger** → 24 **unter** den Bruchstrich
48 Flaschen reichen 48-mal **mehr** → 48 **auf** den Bruchstrich

Beachten Sie:

mehr ← Immer **auf** den Bruchstrich

weniger ← Immer **unter** den Bruchstrich

Aufgaben

1. In einer Fabrik werden 108 elektronische Trockenhauben von 12 Monteuren in 36 Arbeitsstunden zusammengebaut.

Wie viele Monteure müssen eingesetzt werden, wenn 216 Trockenhauben in 24 Arbeitsstunden zusammengebaut werden sollen?

2. Bei einer Modenschau bereiten 4 Friseure 16 Modelle in 80 Minuten für den Auftritt vor.
Wie lange dauert die Vorbereitung, wenn ein Friseur wegen Krankheit ausfällt und der Veranstalter noch 2 zusätzliche Modelle engagiert hat?

3. Ein Hersteller von Friseurbedarf betreut in 120 Absatzgebieten rund 24 000 Friseurbetriebe. Hierzu werden 150 Vertreter eingesetzt. Nachdem die Zahl der Betriebe auf 22 800 zurückgegangen ist, wurden die Absatzgebiete auf 112 vermindert.
Ermitteln Sie, wie viele Vertreter für eine andere Arbeit zur Verfügung stehen.

4. Bei einer täglichen Arbeitszeit von 8 Stunden stellen 6 Näherinnen in 4 Tagen 1536 Kabinenumhänge her. Ein Großkunde benötigt dringend 1728 Umhänge, die in 3 Tagen geliefert werden sollen. Damit dieser Auftrag angenommen werden kann, arbeitet jede Näherin täglich eine Stunde länger. Außerdem werden weitere Arbeitskräfte für diesen Auftrag eingesetzt.
Ermitteln Sie, wie viele Näherinnen erforderlich sind, damit der Auftrag rechtzeitig erledigt wird.

5. In einem Salon reicht ein Vorrat von 2 400 Halsschutzkrausen 20 Tage lang.
Ermitteln Sie, wann der Vorrat erschöpft ist, wenn nur noch 900 Halsschutzkrausen vorhanden sind und gleichzeitig wegen des Betriebsurlaubes eines anderen Friseurgeschäftes 25 % mehr Kunden bedient werden müssen.

6. Bei einer Besuchszeit von je 15 Minuten können 3 Vertreter täglich 45 Friseurgeschäfte betreuen. Für die Einführung einer neuen Produktserie stellt die Firma 5 weitere Außendienstmitarbeiter ein. Außerdem wird die Aufenthaltsdauer pro Betrieb auf 10 Minuten begrenzt.
Ermitteln Sie, wie viele Friseurgeschäfte jetzt jeden Tag besucht werden können.

7. In der letzten Heizperiode wurden im Salon Frost 2 820 *l* Heizöl verbraucht.
Wie viel *l* Heizöl muss Herr Frost für die kommende Heizperiode mindestens bestellen, wenn er die Raumtemperatur von 24 °C auf 22 °C senken und gleichzeitig den Salon um $\frac{1}{5}$ vergrößern will?

8. Anlässlich ihres 20-jährigen Geschäftsjubiläums entschließt sich Frau Klotz, eine Werbeaktion durchzuführen. Hierzu sollen 2 Auszubildende 3 600 Handzettel mit folgendem Inhalt verteilen: „Salon Klotz wird 20 Jahre alt. Feiern Sie mit, bei Preisen wie vor 20 Jahren." Für die 3 600 Handzettel benötigen die 2 Auszubildenden 9 Stunden. Da die Handzettel nicht ausreichen, wird die Auflage auf 6 300 Stück erhöht.
Wie lange dauert die Verteilung insgesamt, wenn ein weiterer Auszubildender dafür eingesetzt wird?

9. In einem Versandgeschäft für Friseurbedarf verpacken 15 Packerinnen in einer 40-stündigen Arbeitswoche durchschnittlich 12 500 Pakete. Wegen einer aufwendigen Werbeaktion wird damit gerechnet, dass künftig jede Woche 5 500 Pakete mehr ausgeliefert werden müssen. Gleichzeitig vermindert sich aufgrund eines neuen Tarifvertrages die wöchentliche Arbeitszeit auf 36 Stunden.
Ermitteln Sie, wie viele Packerinnen zusätzlich eingestellt werden müssen.

10. Für einen Großabnehmer muss eine Kosmetikfabrik ein besonderes Etikett auf ihre Haarwasserflaschen kleben. Bei einer 8-stündigen Arbeitszeit benötigen 3 Arbeiter dafür 5 Tage.
Wie viele Arbeiter müssen dafür eingesetzt werden, wenn die Arbeitszeit auf täglich 10 Stunden verlängert und die gleiche Menge schon in 2 Tagen ausgeliefert werden soll?

11. Für die Inventurarbeiten eines Drogeriemarktes wurden im letzten Jahr 6 Angestellte 4 Tage lang täglich 8 Stunden eingesetzt. Dieses Jahr können sich nur 4 Angestellte 6 Stunden pro Tag mit den Inventurarbeiten beschäftigen.
Nach wie vielen Tagen sind die Inventurarbeiten abgeschlossen?

12. Bei einer Lagerräumung transportieren 10 Arbeiter in 120 Minuten 400 gleich große Kisten.
Wie viele Minuten benötigen 18 Arbeiter, die bei gleicher Arbeitsgeschwindigkeit 600 Kisten transportieren?

13. In einer Kosmetikfabrik wurden bisher jeden Monat mit 9 Maschinen 120 000 Hautcremedosen abgefüllt. Um dieses Ergebnis zu erzielen, wurde an 6 Tagen in der Woche täglich 8 Stunden gearbeitet.
Wie viele Hautcremedosen können gefüllt werden, wenn 12 Maschinen bei einer 5-Tage-Woche und einer täglichen Arbeitszeit von 9 Stunden zur Verfügung stehen?

6 Das Prozentrechnen

Jedes Jahr wetteifert die Friseurinnung von Berghausen mit der Friseurinnung von Talheim um die besseren Erfolge bei der Gesellenprüfung. Dieses Jahr wurden die nebenstehenden Prüfungsergebnisse erzielt.

	Innung Berghausen	**Innung Talheim**
Prüfungsteilnehmer	175	150
nicht bestanden	28	18

Sie sehen: Beide Ergebnisse können ohne weiteres nur dann miteinander verglichen werden, wenn die Zahl der teilnehmenden Prüflinge exakt gleich groß ist. In unserem Beispiel ist dies jedoch nicht der Fall. Die Folge: Die Vergleichbarkeit muss erst hergestellt werden. Diesen Zweck erfüllt die Prozentrechnung. Sie wählt als **Vergleichszahl die Zahl 100** und setzt die einzelnen Zahlenwerte dazu ins Verhältnis.

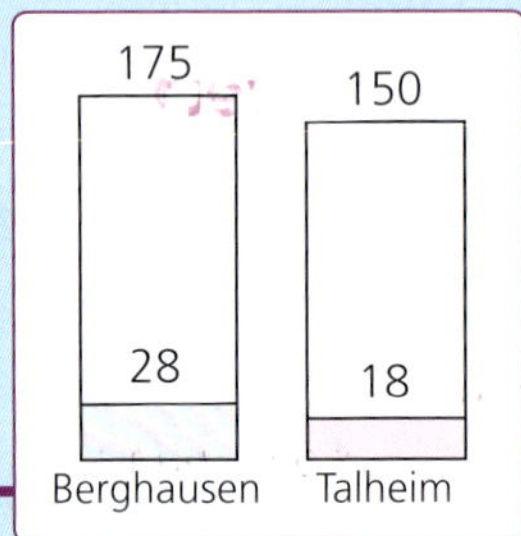

Innung Berghausen:

175 Prüflinge = 28 nicht bestanden
100 Prüflinge = x nicht bestanden

$$x = \frac{28 \cdot 100}{175} = 16\,\%$$

Von 100 Prüflingen haben 16 nicht bestanden.

Man sagt:

16 Prozent = 16 % = $\frac{16}{100}$ = 16 vom Hundert

Innung Talheim:

150 Prüflinge = 18 nicht bestanden
100 Prüflinge = x nicht bestanden

$$x = \frac{18 \cdot 100}{150} = 12\,\%$$

Von 100 Prüflingen haben 12 nicht bestanden.

Man sagt:

12 Prozent = 12 % = $\frac{12}{100}$ = 12 vom Hundert

Beachten Sie:

Durch die Prozentrechnung können verschiedene Zahlenwerte miteinander verglichen werden, indem man sie auf die Vergleichszahl 100 bezieht. Abgekürzt schreibt man für Prozent das %-Zeichen oder v. H. (vom Hundert).

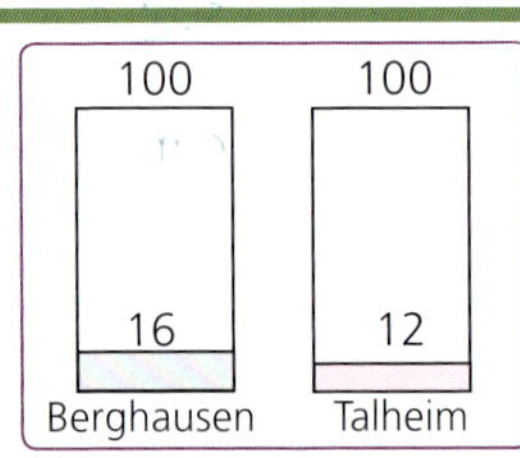

In der Prozentrechnung unterscheidet man drei Größen:

16 %	von	**175 Prüflingen**	=	**28 Prüflinge**
12 %	von	**150 Prüflingen**	=	**18 Prüflinge**
↑		↑		↑
Prozentsatz Anzahl der Hundertstel.		**Grundwert** Das Ganze, also 100 Hundertstel oder 100 %.		**Prozentwert** Der Wert der Prozente vom Grundwert, also vom Ganzen.

Sind zwei dieser Größen bekannt, dann kann die dritte durch eine Dreisatzrechnung ermittelt werden.

6.1 Berechnen des Prozentwertes

Beispiel:

Die Rechnung für den gelieferten Bedienungsstuhl beträgt 475,00 €. Bei Zahlung innerhalb von 14 Tagen werden 3 % Skonto gewährt.

Wie viel € Skonto dürfen abgezogen werden?

Lösung:

100 % = 475,00 €
3 % = x €

Grundwert (475) · **Prozentsatz** (3) → **Prozentwert**

$$x = \frac{475 \cdot 3}{100} = \underline{\underline{14,25\ €}}$$

Sie sehen: Prozentrechnungen werden mit einem einfachen Dreisatz gelöst. Wer jedoch sehr oft Prozentwerte ermitteln muss, wird einfachheitshalber die entsprechenden Beträge in die allgemeine Formel einsetzen. Diese Formel lässt sich folgendermaßen aus unserem Einführungsbeispiel ableiten:

$$\textbf{Prozentwert} = \frac{\text{Grundwert} \cdot \text{Prozentsatz}}{100}$$

Aufgaben

1. Wie viel sind

a) 4 % von 250,00 €,
b) 16 % von 3.248,00 €,
c) 9,25 % von 162.500,00 €,
d) 4½ % von 733,80 €,
e) 12 % von 1800 m,
f) 5 % von 450 m^2,
g) 15 % von 3 l,
h) 14 % von 80 cm,
i) 7,5 % von 800 g,
j) 30 % von 12,5 kg,
k) 115 % von 1704 kg,
l) 20 % von 360 m^3?

2. Da sie seit 2 Jahren unfallfrei fährt, zahlt Frau Sorg bei ihrer Kfz-Haftpflichtversicherung nur 80 % von 412,80 €.
Wie viel € muss sie bezahlen?

3. Die Firma Klam & Motte feiert ihr 15-jähriges Bestehen. Aus diesem Anlass wird auf alle Waren ein 15%iger Jubiläumsrabatt eingeräumt. Manuela kauft folgende Waren:

1 Jeans (regulärer Preis: 59,80 €)
1 T-Shirt (regulärer Preis: 29,00 €)

Wie viel € muss Manuela nach Abzug des Jubiläumsrabattes insgesamt bezahlen?

4. Ein neues Pflegeshampoo kostet pro Flasche 3,90 €. Während einer Einführungswoche bietet es die Kosmetikfirma mit 35 % Nachlass an.
Wie teuer ist das Pflegeshampoo in der Einführungswoche?

5. Damit sie einen Gebrauchtwagen kaufen kann, hat eine Auszubildende bei ihrer Bank ein Darlehen von 3.925,00 € aufgenommen.
Wie viel € erhält sie ausbezahlt, wenn die Bank bei der Auszahlung des Darlehens eine Bearbeitungsgebühr von 1,5 % abzieht?

6. Die Bevölkerung Europas verteilt sich folgendermaßen auf die vier Blutgruppen:

Blutgruppe A = 40 % Blutgruppe B = 15 %
Blutgruppe 0 = 40 % Blutgruppe AB = 5 %

Wie viele der 80.716.000 (Sept. 2013) Einwohner der Bundesrepublik Deutschland haben die Blutgruppe A, 0, B oder AB?

7. Durch übermäßige Rodung sind die tropischen Regenwälder in Gefahr. Derzeit bedecken sie noch ein Zehntel der Landfläche der Erde. Wenn es mit der Rodung so weitergeht, werden die letzten tropischen Regenwälder in wenigen Jahrzehnten verschwunden sein. Die Folge wären unermessliche Verluste für die Artenvielfalt an Tieren und Pflanzen sowie eine schwer geschädigte Bodenfruchtbarkeit in den Tropen. Des Weiteren würde eine Veränderung des Weltklimas eintreten, die uns alle gefährden würde.

Wie viel km^2 werden jedes Jahr in folgenden Ländern gerodet?

a) Brasilien
b) Indonesien
c) Kolumbien

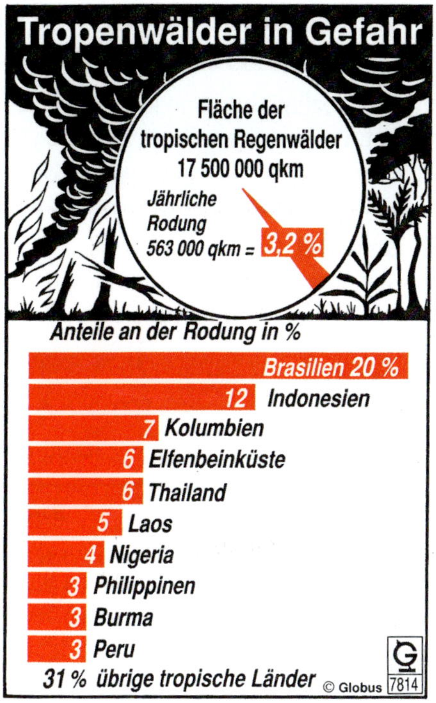

8. Durch den Kontakt des Friseurwerkzeugs mit den Kunden können Krankheitskeime (Bakterien) übertragen werden. Eine Sterilbox, in der die Bakterien durch die Bestrahlung mit ultraviolettem Licht abgetötet werden, kostet 235,00 €. Ein Friseur, der ein 5 cm größeres Modell wünscht, muss 27,5 % Aufpreis bezahlen.
Berechnen Sie den Preis für das größere Modell.

9. Herr Glotz möchte sich ein neues LCD-Fernsehgerät anschaffen. Er erkundigt sich deshalb bei zwei verschiedenen Händlern, zu welchen Konditionen sie das Modell „Gucky 2014" anbieten.

– Angebot der Firma Matt & Scheibe: 984,00 € (mit 3 % Skonto)
– Angebot der Firma Bild & Schirm: 975,00 € (bar bei Lieferung)

Welches Angebot ist bei sonst gleichen Bedingungen am günstigsten?

10. Auf einer Fachmesse verkauft ein Hersteller alle Waren zum Messepreis. Dieser liegt 18,5 % unter dem Listenpreis.
Wie viel € muss Frau Graf für eine elektronische Trockenhaube bezahlen, wenn diese mit 947,50 € in der Preisliste steht?

6.1.1 Rechenvorteile bei bequemen Teilern

Der Prozentwert kann leichter berechnet werden, wenn man **bequeme Teiler** berücksichtigt. Beispielsweise sind 50% die Hälfte einer Zahl, 25% entsprechen einem Viertel, 10% einem Zehntel usw. Dadurch lässt sich der Rechenweg folgendermaßen vereinfachen:

Beispiel 1:
Bei einem Räumungsverkauf werden alle Waren um 20% reduziert.
Um wie viel € verbilligt sich ein Mantel, der mit 210,00 € ausgezeichnet ist?

Lösung: $20\ \% = \frac{20}{100} = \frac{1}{5}$

→ 20 % von 210,00 € = 210,00 : 5 = 42,00 €

Bequeme Prozentsätze

1 % = 1/100	3 1/3 % = 1/30	8 1/3 % = 1/12	20 % = 1/5
1 1/4 % = 1/80	4 % = 1/25	10 % = 1/10	25 % = 1/4
1 1/3 % = 1/75	4 1/6 % = 1/24	11 1/9 % = 1/9	33 1/3 % = 1/3
1 2/3 % = 1/60	5 % = 1/20	12 1/2 % = 1/8	50 % = 1/2
2 % = 1/50	6 1/4 % = 1/16	14 2/7 % = 1/7	66 2/3 % = 2/3
2 1/2 % = 1/40	6 2/3 % = 1/15	16 2/3 % = 1/6	75 % = 3/4

Beispiel 2:
Wie viel sind 12½ % von 96,00 €? —Lösung→ 96,00 € : 8 = 12,00 €

Aufgaben

1. Berechnen Sie mithilfe bequemer Prozentsätze:

a) 20 % von 459,00 €
b) 2½ % von 1.240,00 €
c) 6⅔ % von 11.838,75 €
d) 3⅓ % von 642,60 €
e) 12½ % von 7.009,84 €
f) 1⅓ % von 956,25 €
g) 16⅔ % von 2.743,56 €
h) 33⅓ % von 263.886,69 €
i) 5 % von 1.451,50 €
j) 11⅑ % von 2.473,65 €

2. Das Skelett des Menschen wiegt duchschnittlich 14 2/7 % des Körpergewichts. Wie schwer ist das Skelett eines Menschen, der 56 kg schwer ist?

3. Ein Friseur-Bedienungsstuhl kostet 507,00 €. Die Ausführung mit Pumpe ist 66⅔% teurer. Wie viel € kostet das Modell mit Pumpe?

4. Herr Pingel erhält von einem Lieferanten eine Rechnung über 871,38 €. Da er bei der Lieferung einige Mängel entdeckt hatte, darf Herr Pingel 16⅔ % von der Rechnung abziehen. Welcher Betrag muss noch bezahlt werden?

5. Die drei Verkäuferinnen einer Parfümerie sind am Umsatz beteiligt. Die Höhe dieser Umsatzprämien ist je nach Leistung und Betriebszugehörigkeit verschieden. Verkäuferin *A* erhält $1\frac{1}{4}$ %, Verkäuferin *B* $1\frac{1}{3}$ % und Verkäuferin *C* $1\frac{2}{3}$ %.
Folgende Monatsumsätze wurden erzielt:
A 21.203,50 €, *B* 15.649,00 €, *C* 17.321,00 €
Berechnen Sie, wie viel Umsatzprämie jede Verkäuferin erhält.

6. Damit sie eine neue Einbauküche kaufen kann, nimmt eine Friseurin einen Bankkredit über 5.250,00 € auf. Die Bank berechnet eine Bearbeitungsgebühr von $2\frac{1}{2}$ %, die bei der Auszahlung des Kredits abgezogen wird.
a) Wie viel € beträgt die Bearbeitungsgebühr?
b) Wie viel € erhält die Friseurin ausbezahlt?

6.2 Berechnen des Prozentsatzes

Beispiel:
Die Pacht für die Geschäftsräume von „Charlys Frisurenstudio" betrug bisher 800,00 €. Nun soll Charly 60,00 € mehr bezahlen.

Wie viel % beträgt die Erhöhung?

Lösung:

800,00 € = 100 %
60,00 € = *x* %

$$x = \frac{100 \cdot 60}{800} = \underline{\underline{7{,}5\ \%}}$$

Prozentwert (60) → Zähler; **Prozentsatz** → 7,5 %; **Grundwert** (800) → Nenner

Sie sehen: Auch diese Prozentrechnung wird mit einem einfachen Dreisatz gelöst. Wer jedoch sehr oft Prozentsätze ermitteln muss, wird einfachheitshalber die entsprechenden Beträge in die allgemeine Formel einsetzen. Diese lässt sich folgendermaßen aus unserem Einführungsbeispiel ableiten:

$$\textbf{Prozentsatz} = \frac{100 \cdot \text{Prozentwert}}{\text{Grundwert}}$$

Aufgaben

1. Ermitteln Sie den Prozentsatz:

a) 26,00 € von 650,00 €
b) 58,68 € von 489,00 €
c) 23 Kunden von 115 Kunden
d) 1.039,05 € von 13.854,00 €
e) 27,9 kg von 62 kg
f) 27,65 € von 79,00 €
g) 6,20 € von 24,80 €
h) 798,60 von 9.680,00 €

2. Nicole überprüft einen Karton, der 25 Portionsflaschen Farbfestiger enthält. Dabei stellt sie fest, dass 8 von 25 Flaschen beschädigt sind.
Wie viel % kann ihre Chefin vom Kaufpreis abziehen?

3. Friseurmeister Clever kauft auf einer Fachmesse eine Haarschneidemaschine zum Messepreis von 113,90 €. Normalerweise hätte die Maschine 134,00 € gekostet.
Berechnen Sie, wie viel % er durch den Messepreis gespart hat.

4. Die Rechnung von Frau Knicker beläuft sich auf 31,50 €. Charly erhält einen 50-€-Schein und soll 18,00 € zurückgeben.
Wie viel % betrug Frau Knickers Trinkgeld?

5. Beim normalen physiologischen Haarausfall verliert ein Mensch jeden Tag ca. 40 Haare.
Wie viel Prozent sind dies bei

a) 92 000 Kopfhaaren?
b) 116 000 Kopfhaaren?

6. Zusätzlich zu einer 4%igen Lohnerhöhung erhalten die Beschäftigten des Salons Liebermann eine Arbeitszeitverkürzung von 40 Wochenstunden auf 37,5 Wochenstunden.
Ermitteln Sie die wirkliche Lohnerhöhung, d. h. unter Berücksichtigung der Arbeitszeitverkürzung.

7. Eine Schaum-Haarkur gegen Schuppen kostet im Salon 4,50 €. Im Verkauf werden dafür 2,70 € berechnet. Wie viel % spart eine Kundin, wenn sie die Haarkur kauft und zu Hause selbst anwendet?

8. Meister Schnellinger benötigt für einen Herrenhaarschnitt 15 Minuten. Sein Auszubildender Harry Schneck erledigt die gleiche Arbeit in 25 Minuten.
Berechnen Sie, um wie viel % Harry sein Arbeitstempo steigern muss, wenn er die Geschwindigkeit von Herrn Schnellinger erreichen will.

9. Ein Haarteil aus Eurohaar kostet 235,00 €. Das gleiche Modell aus Indohaar kostet nur 175,00 €.
Wie viel % spart man beim Kauf des Modells aus Indohaar?

10. Der Mindeststundenlohn für Friseure beträgt in Deutschland allgemeinverbindlich:

<table>
<tr><th></th><th>ab 01.08. 2013</th><th>ab 01.08. 2014</th><th>ab 01.08. 2015</th></tr>
<tr><td>West</td><td>EUR 7,50</td><td>EUR 8,00</td><td rowspan="2">EUR 8,50</td></tr>
<tr><td>Ost (neue Bundesländer einschließlich Berlin)</td><td>EUR 6,50</td><td>EUR 7,50</td></tr>
</table>

a) Wie viel % betragen die jeweiligen Steigerungen?

b) Wie viel % ist der Unterschied zwischen West und Ost?

6.3 Berechnen des Grundwertes

Beispiel:

Der Preis eines Maniküre-Etuis wurde um 5 % bzw. 1,40 € erhöht.

Wie hoch war der frühere Preis?

Lösung:

$$5\,\% = 1{,}40\ €$$
$$100\,\% = x\ €$$

$$x = \frac{1{,}40 \cdot 100}{5} = 28{,}00\ €$$

Prozentwert (1,40) – **Grundwert** (28,00 €) – **Prozentsatz** (5)

Sie sehen: Auch diese Prozentrechnung wird mit einem einfachen Dreisatz gelöst. Wer jedoch sehr oft Grundwerte ermitteln muss, wird einfachheitshalber die entsprechenden Beträge in die allgemeine Formel einsetzen. Diese lässt sich folgendermaßen aus unserem Einführungsbeispiel ableiten:

$$\textbf{Grundwert} = \frac{\text{Prozentwert} \cdot 100}{\text{Prozentsatz}}$$

Aufgaben

1. Berechnen Sie den Grundwert:

a) 15 % sind 180 €	d) 5 % sind 5,4 kg	g) 14 % sind 21 t
b) 12 % sind 145,20 €	e) 3 % sind 29,58 €	h) 4,25 % sind 296,65 €
c) 6 % sind 150 g	f) 27,5 % sind 82,5 m	

2. Der Preis für eine Haarschere wurde um 7,5 % gesenkt. Das waren 2,55 €.
Wie teuer war die Haarschere vor der Preiserhöhung?

3. Das HiFi-Studio Watt veranstaltet einen Räumungsverkauf wegen Geschäftsaufgabe. Alle Waren werden deshalb um 32,5 % reduziert. Oliver spart beim Kauf eines Musikcenters 396,50 €.
Berechnen Sie den vorherigen Verkaufspreis und den reduzierten Preis.

4. Ein Bedienungsstuhl wird mit leichten Kratzern geliefert. Auf die Reklamation des Friseurmeisters räumt der Lieferant einen Preisnachlass von 12,5 % = 86,85 € ein.
Berechnen Sie den ursprünglichen Kaufpreis.

5. Aufgrund eines neuen Tarifvertrages erhält ein Friseur eine Lohnerhöhung von 6,2 % bzw. 69,44 €. Ermitteln Sie seinen früheren Lohn.

6. Für langjähriges unfallfreies Fahren zahlt Frau Altmann bei einem Beitragssatz von 35 % nur 155,75 € für ihre Haftpflichtversicherung.
a) Wie viel € würde Frau Altmann ohne Schadensfreiheitsrabatt zahlen?
b) Berechnen Sie, wie viel € Frau Altmann durch unfallfreies Fahren spart.

7. a) Wie viele Berufskrankheiten ereigneten sich 2007 insgesamt bei einem Hautkrankheiten-Anteil von 29 %?
b) 2008 wurden rund 63 000 Berufserkrankungen gemeldet. Geben Sie die prozentuale Veränderung an.

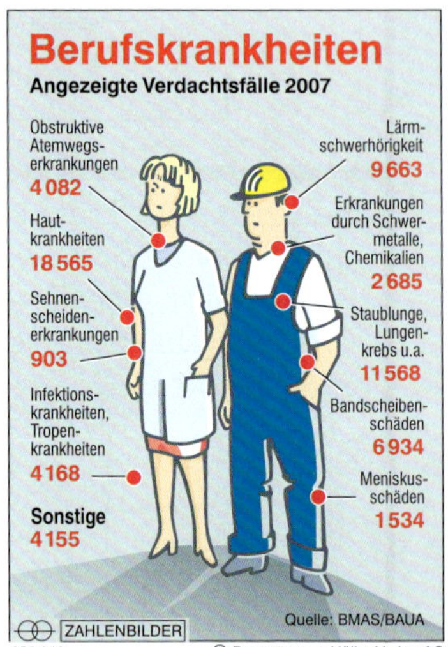

280 218 © Bergmoser + Höller Verlag AG

8. Bei der Gesellenprüfung von Toni haben 9 Auszubildende bzw. 6 % die Prüfung nicht bestanden.
Wie viele Azubis haben an der Prüfung teilgenommen?

9. Die Inhaberin des Salons Irene erzielte im letzten Geschäftsjahr einen Gewinn von 36.100,00 €. Dies waren 9,5 % des Umsatzes.
Stellen Sie fest, welchen Umsatz der Salon im letzten Geschäftsjahr hatte.

6.3.1 Prozentrechnen mit vermehrtem Grundwert

Beispiel:

Der Preis für eine Trockenhaube wurde um 14 % erhöht. Sie kostet jetzt 997,50 €.

Wie hoch war der alte Preis?

Lösung:

Die Preiserhöhung wude von dem alten Preis berechnet; er entspricht 100 %. Der neue Preis entspricht demnach 114 %, nämlich 100 % + 14 % Preiserhöhung.

100 % = alter Preis = **reiner Grundwert**	**14 % Erhöhung** (= Prozentwert)

114 % = neuer Preis = **vermehrter Grundwert**

Der reine Grundwert entspricht 100 %. Man erhält ihn aus dem vermehrten Grundwert mithilfe der Dreisatzrechnung.

Lösung mit Dreisatz:

	alter Preis	100 %	← **gesucht**
+	Preiserhöhung	14 %	
	neuer Preis	114 %	← **gegeben**

114 % = 997,50 €
100 % = x €

$$x = \frac{997{,}50 \cdot 100}{114} = \underline{\underline{875{,}00\ €}}$$

Ergebnis: Der alte Preis der Trockenhaube betrug 875,00 €.

Aufgaben

1. Die nachstehend aufgeführten Preise sind Bruttopreise, d. h., sie enthalten 19 % Mehrwertsteuer.
Ermitteln Sie die Nettopreise, d. h. die Preise ohne Mehrwertsteuer.

a) 307,26 €	c) 2.190,20 €	e) 5.320,97 €
b) 19,64 €	d) 826,34 €	f) 526,69 €

2. Ein Vertreter teilt mit, dass seine Firma alle Preise um 4% erhöht hat. Der 5-l-Kanister Haarfestiger kostet in Zukunft 37,70 €.
Wie hoch war der alte Preis?

3. Nachdem die monatliche Pacht für ihren Salon um 4,5 % erhöht wurde, muss Frau Strobel künftig 961,40 € bezahlen.
Berechnen Sie, wie viel € die alte Pacht betrug.

4. Der Preis für eine Nachtcreme wurde um 12,5% erhöht. Sie kostet jetzt 13,50 €.
Wie teuer war die Nachtcreme vor der Preiserhöhung?

5. Nach einer Preiserhöhung von 5% werden im Salon Irene folgende Preise verlangt:

– Haarschnitt mit Föhnen oder Legen	29,40 €
– Alle Dauerwellen mit Schnitt und Frisur	80,00 €
– Intensivtönung inkl. Haarpflegekur	19,00 €

Wie teuer waren diese Leistungen vor der Preiserhöhung?

6. Nachdem die Renovierungsmaßnahmen ihres Salons abgeschlossen sind, stellt Frau Klotz fest, dass die ursprünglich veranschlagten Renovierungskosten um 15% überschritten worden sind.
Wie hoch war der Kostenvoranschlag, wenn die gesamten Renovierungskosten 39.100,00 € betragen?

7. Meister Schussel hat vergessen, eine Rechnung zu bezahlen. Seine Vergesslichkeit kommt ihn teuer zu stehen. Einschließlich 2,5% Mahngebühren muss er nun 2.449,75 € überweisen.
Wie hoch war der ursprüngliche Rechnungsbetrag?

8. Karin kauft bei ihrem Chef verschiedene Kosmetikartikel, die normalerweise 32,25 € kosten würden. Dies sind 50% über dem Einkaufspreis. Um ihre Leistungen im Prozentrechnen etwas „anzukurbeln", ist er bereit, die Waren 15 % über seinem Einkaufspreis abzugeben, allerdings nur dann, wenn Karin in der Lage ist, den Preis richtig auszurechnen.
Ermitteln Sie diesen Preis.

6.3.2 Prozentrechnen mit vermindertem Grundwert

Beispiel:

Auf einer Fachmesse wird eine Trockenhaube mit einem Messerabatt von 20 % angeboten. Der Messepreis beträgt 782,00 €.

Wie viel € kostet die Trockenhaube normalerweise?

Lösung:

Der Messerabatt wurde vom alten Preis berechnet; der alte Preis entspricht 100 %. Der Messepreis entspricht demnach 80 %, nämlich 100 % – 20 % Messerabatt.

100 % = alter Preis = **reiner Grundwert**	
20 % Messerabatt (= Prozentwert)	**80 %** = neuer Preis = **verminderter Grundwert**

Der reine Grundwert entspricht 100 %. Man erhält ihn aus dem verminderten Grundwert mithilfe der Dreisatzrechnung.

Lösung mit Dreisatz:

	alter Preis	100 %	← **gesucht**
–	Messerabatt	20 %	
	neuer Preis	80 %	← **gegeben**

80 % = 782,00 €
100 % = x €

$$x = \frac{782 \cdot 100}{80} = \underline{\underline{977{,}50\ €}}$$

Ergebnis: Normalerweise kostet die Trockenhaube 977,50 €.

Aufgaben

1. Im Salon Kolb wird ein Haarpflegesortiment mit 15 % Nachlass zum Einführungspreis von 24,65 € angeboten.
Wie hoch ist der Normalpreis?

2. Der Inhaber des Salons Weller begleicht eine Rechnung. Nach Abzug von 2½ % Skonto überweist er 1.351,35 €.
Auf wie viel € lautete der Rechnungsbetrag?

3. Aufgrund einer verbesserten Wärmeisolierung wurde im Haus von Herrn Hitzler eine Heizkostenersparnis von 15 % erreicht. Die Heizkosten betragen jetzt nur noch 1.325,00 €.
Wie hoch war die vorherige Heizkostenrechnung?

4. Claudia kauft im Winterschlussverkauf eine Lederjacke für 175,00 €. Die Verkäuferin sagt, dass die Jacke um 37,5 % reduziert worden sei.
Wie hoch war der ursprüngliche Preis?

5. Auf dringende Empfehlung ihres Hausarztes hat sich die übergewichtige Erna Mücke einer Abmagerungskur unterzogen. Nachdem sie 25 % abgenommen hat, wiegt sie „nur" noch 105 kg.
Wie viel kg betrug ihr ursprüngliches Gewicht?

6. Nach einer langen Lagerzeit wiegt ein Stück Seife nur noch 138 g, d. h., durch die Lagerung hat es 8 % seines Gewichts verloren.
Ermitteln Sie das ursprüngliche Gewicht des Seifenstücks.

7. Martin Dödel hat die Gesellenprüfung nicht bestanden. Er erhält deshalb einen Bruttolohn von 1.080,00 €, dies sind 30 % unter dem Tariflohn eines Gesellen.
Welchen Bruttolohn hätte Martin bekommen, wenn er die Gesellenprüfung bestanden hätte?

8. Dank umfangreicher Energiesparmaßnahmen konnte Herr Spahr die Stromkosten seines Salons um 10 % senken. Weitere Maßnahmen ermöglichen eine zusätzliche Kostensenkung von 8 %. Die Stromkosten betragen jetzt nur noch 2.007,90 €.
Ermitteln Sie, wie hoch die Stromkosten vor den Energiesparmaßnahmen waren.

9. Bei einem Einstellungsgespräch verlangt eine Friseurin einen Nettolohn von 900,00 €.
Welchen Bruttolohn muss der Friseurmeister zahlen, wenn er ca. 38 % Abzüge berücksichtigen muss?

6.4 Rabatt und Skonto abziehen

Beispiel:

Zum Listenpreis von 890,00 € bestellt ein Friseurmeister einen neuen Bedienungsstuhl. Die Firma räumt 10 % Rabatt ein. Für Zahlung innerhalb von 14 Tagen werden 3 % Skonto gewährt. Die Mehrwertsteuer beträgt 19 %.

Welchen Barzahlungspreis muss der Friseur überweisen, wenn er 10 Tage nach der Lieferung bezahlt?

Lösung:

	Listenpreis	890,00 €	100 %		
–	10 % Rabatt	89,00 €	– 10 %		
=	Nettopreis	801,00 €	90 %	100 %	
+	19 % Mehrwertsteuer	152,19 €		+ 19 %	
=	Bruttopreis	953,19 €		119 %	100 %
–	3 % Skonto	28,60 €			– 3 %
=	Barzahlungspreis	924,59 €			97 %

Für den Abzug von Rabatt und Skonto lässt sich aus unserem Einführungsbeispiel das folgende allgemeine Schema ableiten:

	Listenpreis
–	Rabatt
=	Nettopreis
+	Mehrwertsteuer
=	Bruttopreis
–	Skonto
=	Barzahlungspreis

Erläuterungen:

Rabatt ist ein Preisnachlass, der aus verschiedenen Gründen gewährt werden kann. Entsprechend dem Anlass unterscheidet man folgende Arten:

- *Mengenrabatt* wird gewährt, wenn größere Mengen abgenommen werden.
- *Personalrabatt* gewähren manche Betriebe, wenn ihre Mitarbeiter Waren für den Eigenbedarf kaufen.
- *Naturalrabatt* ist ein Preisnachlass beim Kauf. Bei Abnahme einer bestimmten Menge wird kostenlos Ware dazugeliefert.
- *Weitere Rabattarten* sind z. B. Treuerabatt, Sonderrabatt und Wiederverkäuferrabatt.

Skonto ist ein Preisnachlass, der eingeräumt wird, wenn der Kunde innerhalb einer bestimmten Frist bezahlt.

Die Umsatzsteuer, auch **Mehrwertsteuer** genannt, muss bei Warenverkäufen und bei Dienstleistungen in Rechnung gestellt werden. Der Mehrwertsteuersatz beträgt derzeit 19 % (Stand 01.09.2014). In Ausnahmefällen gilt ein ermäßigter Steuersatz von 7 %. Dies ist z. B. bei Verlagserzeugnissen und Lebensmitteln der Fall.

Beachten Sie:

Zuerst wird der **Rabatt** abgezogen. Danach wird die **Mehrwertsteuer** zugeschlagen. Erst zuletzt wird **Skonto** abgezogen.

Listenpreis – Rabatt

=

Nettopreis + Mehrwertsteuer

=

Bruttopreis – Skonto

=

Barzahlungspreis

Aufgaben

1. Ermitteln Sie für die nachfolgenden Nettopreise die Mehrwertsteuer und die Bruttopreis:

a) 725,80 € b) 194,20 € c) 389,70 € d) 28,40 €

2. Die Beschäftigten des Salon Gruber erhalten auf alle Ladenpreise 15 % Personalrabatt. Kathrin kauft verschiedene Kosmetikartikel.
Wie viel € muss sie bezahlen, wenn der Ladenpreis 38,00 € beträgt?

3. Berechnen Sie jeweils den Bruttopreis:
a) Listenpreis 150,20 €, Rabatt 8 %, Mehrwertsteuer 19 %
b) Listenpreis 1.242,30 €, Rabatt 5 %, Mehrwertsteuer 19 %
c) Listenpreis 987,90 €, Rabatt 12,5 %, Mehrwertsteuer 19 %

4. Ermitteln Sie den Barzahlungspreis:
a) Rechnungsbetrag (Bruttopreis) 168,20 €, Skonto 2%
b) Rechnungsbetrag (Bruttopreis) 287,50 €, Skonto 3%
c) Rechnungsbetrag (Bruttopreis) 2.135,80 €, Skonto 2,5%
d) Rechnungsbetrag (Bruttopreis) 317,60 €, Skonto 2%

5. Der Listenpreis einer Haarschneidemaschine beträgt 89,75 €. Die gesetzliche Mehrwertsteuer beläuft sich auf 19 %.
Wie hoch ist der Barzahlungspreis, wenn 3 % Skonto eingeräumt werden?

6. Meister Schnellinger erhält eine Rechnung über 482,30 €. Bei Zahlung innerhalb von 14 Tagen werden 3 % Skonto gewährt.
Wie viel € muss Meister Schnellinger überweisen, wenn er nach 10 Tagen zahlt?

7. Die Auszubildende Anita hat ihrer Freundin eine tolle Dauerwelle versprochen. Bei einem Versandhaus für Friseurbedarf bestellt sie das erforderliche Material:

– 1 Päckchen Spitzenpapier	1,49 €
– 1 Dauerwellen-Abdeckhaube	2,75 €
– 1 Sortimentskasten mit 60 Haarwicklern	24,00 €
– 1 Portionsdauerwellen-Set für 1 Behandlung	3,40 €
– 1 Fixierschaum-Set	3,95 €

Wie viel € muss sie bezahlen, wenn noch 19 % Mehrwertsteuer berücksichtigt werden müssen?

8. Ein Stück Seife kostet 0,75 €. Bei Abnahme von mindestens 20 Stück werden 5% Mengenrabatt gewährt. Die Mehrwertsteuer beträgt 19 %.
a) Wie viel € muss eine Friseurin bezahlen, die 35 Stück bestellt?
b) Wie viel € sind zu begleichen, wenn bei Barzahlung 2 % Skonto gewährt werden?

9. Im Hi-Fi-Studio Dröhn wird eine Stereoanlage für 699,00 € angeboten. Bei Barzahlung werden zusätzlich 3 % Skonto eingeräumt. Die Anlage kann auch auf Raten gekauft werden. In diesem Fall beträgt die Anzahlung 200,00 €. Außerdem sind 12 Monatsraten zu je 52,00 € zu zahlen.
Berechnen Sie, welcher Preisunterschied zwischen Barzahlung und Ratenkauf besteht.

10. Der Ladenpreis (Bruttopreis) einer Ware beträgt einschließlich 19 % Mehrwertsteuer 216,35 €.
Wie hoch sind die Mehrwertsteuer und der Nettopreis der Ware?

6.4.1 Naturalrabatt

Anstelle eines Rabattes, der in Prozent ausgedrückt wird, räumen viele Lieferanten einen **Naturalrabatt** ein. Dieser kann als **Draufgabe** oder als **Dreingabe** gewährt werden.

Naturalrabatt

Draufgabe

Kostenlos wird mehr geliefert als bestellt wurde.

Beispiel:
- Bestellt wurden 9 Flaschen.
- Geliefert wurden 12 Flaschen.

Lieferung: 12 Flaschen

Draufgabe

Bestellung und Berechnung: 9 Flaschen

Die **Draufgabe** wird mit einem Dreisatz in Prozent umgewandelt:

Lieferung 12 Flaschen = **100 %**

3 Flaschen = x %

$$x = \frac{100 \cdot 3}{12} = \underline{\underline{25\,\%}}$$

Dreingabe

Die bestellte Anzahl wird geliefert. Berechnet wird jedoch nicht die gesamte Liefermenge.

Beispiel:
- Bestellt wurden 15 Flaschen.
- Geliefert wurden 15 Flaschen.

Lieferung: 15 Flaschen

Dreingabe

Bestellung: 15 Flaschen
Berechnung: 12 Flaschen

Die **Dreingabe** wird mit einem Dreisatz in Prozent umgewandelt:

Lieferung 15 Flaschen = **100 %**

3 Flaschen = x %

$$x = \frac{100 \cdot 3}{15} = \underline{\underline{20\,\%}}$$

Beachten Sie:

Wenn Sie den Naturalrabatt in Prozent umrechnen wollen, dann entspricht die **Liefermenge immer 100 %**.

Aufgaben

1. Berechnen Sie, wie viel % die folgenden Naturalrabatte entsprechen.
a) Geliefert wurden 1680 Stück, bestellt und berechnet wurden 1554 Stück.
b) Geliefert und bestellt wurden 600 Stück, berechnet wurden 564 Stück.

2. Ein Salon erhält eine Lieferung von 75 Dosen Haarspray. Berechnet werden nur 60 Dosen.
Ermitteln Sie, welchem Prozentsatz diese Dreingabe entspricht.

3. Herr Kerner bestellt beim Weingut Schluck & Specht 80 Flaschen Wein. Der Lieferung werden 6 Flaschen unberechnet als Mengenrabatt beigelegt.
Wie viel beträgt der Mengenrabatt in %?

4. Meister Clever vergleicht die Angebote von zwei verschiedenen Lieferanten.
– Lieferant A räumt 10 % Mengenrabatt ein, wenn mindestens 30 Stück bestellt werden.
– Lieferant B bietet je 40 Stück eine Dreingabe von 6 Stück.
Wer gewährt mehr Rabatt?

5. Auf 50 bestellte Flaschen Haarwasser erhält Ronnys Frisurenstudio 9 Flaschen kostenlos als Draufgabe.
Berechnen Sie, welchem Prozentsatz diese Draufgabe entspricht.

6. In einer Jugendzeitschrift bietet ein Versandhaus verschiedene Poster an. Wenn mindestens 20 Stück bestellt werden, erhält man eine Dreingabe von 3 Stück. Tina gibt mit ihrer Berufsschulklasse eine Sammelbestellung auf.
Wie viel % spart jede Schülerin im Vergleich zu einer Einzelbestellung?

7. Statt der bestellten 72 Portionsflaschen Föhnlotion werden 90 Stück geliefert, aber nur die bestellte Anzahl wird berechnet.
Welchem Prozentsatz entspricht diese Draufgabe?

8. Friseur Lackner bestellt 60 Dosen Haarlack. Der Lieferant legt der Sendung 4 Dosen unberechnet als Mengenrabatt (Draufgabe) bei.
Wie viel % beträgt der Mengenrabatt?

7 Das Promillerechnen

$$\textbf{1 Promille} = 1\ ‰ = \frac{1}{1000}$$

Beim Promillerechnen gelten die gleichen Regeln wie beim Prozentrechnen. Der einzige Unterschied besteht darin, dass anstelle der Vergleichszahl 100 die **Vergleichszahl 1000** verwendet wird.

Die Promillerechnung wird angewendet, wenn sich Prozentsätze ergeben würden, die kleiner als 1 % sind. Vor allem im Versicherungswesen ist das der Fall. Hier gibt man die Versicherungsprämien (= Gebühr für eine Versicherung) meistens in Promille der Versicherungssumme an.

Beispiel:

Der Friseurmeiter Sorg versichert seinen Salon gegen Einbruch, Diebstahl, Feuer und Wasserschäden. Die Prämie beträgt 1,8 ‰ pro Jahr.

Wie viel € muss er bei einer Versicherungssumme von 90.000,00 € bezahlen?

Lösung mit Dreisatz:

$$\begin{aligned} 1000{,}0\ ‰ &= 90.000{,}00\ € \\ 1{,}8\ ‰ &= x\ € \end{aligned}$$

$$x = \frac{90\,000 \cdot 1{,}8}{1000} = \underline{\underline{162{,}00\ €}}$$

Sie sehen: Genau wie bei der Prozentrechnung werden auch bei der Promillerechnung drei Größen unterschieden:

1,8 ‰	von	**90.000,00 €**	=	**162,00 €**
Promillesatz Anzahl der Tausendstel.		**Grundwert** Das Ganze, also 1000 Tausendstel oder 1000 ‰.		**Promillewert** Der Wert der Promille vom Grundwert, also vom Ganzen.

Zwei dieser Größen müssen immer gegeben sein, damit die dritte ermittelt werden kann. Wie beim Prozentrechnen kann die Berechnung mit Dreisatz oder Formel erfolgen. Beim Rechnen mit der Formel werden die bereits aus der Prozentrechnung bekannten Formeln angewendet. Es wird lediglich die Vergleichszahl 100 durch die **Vergleichszahl 1000** ersetzt.

$$\textbf{Promillewert} = \frac{\text{Grundwert} \cdot \text{Promillesatz}}{1000}$$

$$\textbf{Promillesatz} = \frac{\text{Promillewert} \cdot 1000}{\text{Grundwert}}$$

$$\textbf{Grundwert} = \frac{\text{Promillewert} \cdot 1000}{\text{Promillesatz}}$$

Aufgaben

1. Berechnen Sie:

a) 2,5 ‰ von 186.000,00 €
b) 1,25 ‰ von 27.800,00 €
c) 6 ‰ von 485.000,00 €
d) 0,75 ‰ von 39.400,00 €
e) 0,35 ‰ von 128.850,00 €
f) 1,75 ‰ von 98.000,00 €

2. Ermitteln Sie den Promillesatz:

a) 55,35 € von 18.450,00 €
b) 1580,41 € von 243.140,00 €
c) 546,00 € von 420.000,00 €
d) 131,15 € von 61.000,00 €
e) 172,00 € von 34.400,00 €
f) 62,40 € von 249.600,00 €

3. Berechnen Sie den Grundwert:

a) 3,8 ‰ entsprechen 476,14 €
b) 2,5 ‰ entsprechen 163,75 €
c) 3,3 ‰ entsprechen 268,95 €
d) 1,5 ‰ entsprechen 375,00 €
e) 2,375 ‰ entsprechen 745,75 €
f) 1,45 ‰ entsprechen 69,31 €

4. Für die Transportversicherung einer Warenlieferung wurden 71,40 € = 5 ‰ der Versicherungssumme gezahlt.
Wie viel € beträgt die Versicherungssumme?

5. Die Versicherungsprämie für Tinas Hausratversicherung beträgt 2,5 ‰ von der Versicherungssumme. Tinas Kollege Ronny zahlt bei einer anderen Versicherungsgesellschaft 78,75 € für eine Versicherungssumme von 35.000,00 €.
Überprüfen Sie, wer bei der preiswerteren Gesellschaft versichert ist.

6. Meister Sorg hat seinen Salon samt Einrichtung gegen Brand und Wasserschäden versichert. Die Versicherungsprämie hierfür beträgt 218,50 €, das sind 2,3 ‰.
Welche Versicherungssumme wurde in diesem Vertrag vereinbart?

7. Für die Rückzahlung eines Bauspardarlehens muss man normalerweise jeden Monat 6 ‰ von der Bausparsumme zurückzahlen.

a) Berechnen Sie die *monatliche* Belastung bei einem Bausparvertrag über 40.000,00 €.
b) Wie hoch ist die *jährliche* Belastung bei einem Bausparvertrag über 30.000,00 €?

Vermischte Aufgaben zum Prozentrechnen und Promillerechnen

1. Ermitteln Sie die jeweils fehlende Größe der Prozentrechnung:

a) 6 % von 975,00 €
b) 4 % entsprechen 19,12 €
c) 15 % von 2,80 m
d) 30 Schülerinnen von 75 Schülerinnen

2. Ermitteln Sie die jeweils fehlende Größe der Promillerechnung:

a) 241,36 € entsprechen 1,25 ‰
b) 1,6 ‰ von 25 *l*
c) 24,00 € von 3.840,00 €
d) 3,64 kg von 1 040 kg

3. Der Preis für eine Dose Haarlack stieg von 4,95 € auf 5,05 €.
Um wie viel % wurde der Preis erhöht?

4. Der Bruttolohn einer Filialleiterin beträgt 2.725,10 €. Die gesamten Abzüge belaufen sich auf rund 29,75%.
Ermitteln Sie den Nettolohn.

5. Bei Barzahlung kostet eine Trockenhaube 840,00 €. Das Gerät kann auch auf Raten gekauft werden. In diesem Fall müssen 537,00 € anbezahlt und 8 Monatsraten zu je 43,50 € entrichtet werden.
Wie viel € spart ein Friseur bei Barzahlung, wenn dafür zusätzlich 3 % Skonto gewährt werden?

6. Nach Angaben des Bundeskriminalamtes ging die Zahl der Straftaten gegen die Umwelt zwischen 1995 und 2006 kontinuierlich von 35.643 auf 17.305 zurück. Von 2006 auf 2007 sank die Zahl nochmals um 4,5%. Mit 62,3% hatte im Jahr 2006 die umweltgefährdende Abfallbeseitigung den höchsten Anteil an allen Straftaten gegen die Umwelt. Darauf folgten die Gewässerverunreinigung (21,9%), die Bodenverunreinigung (8,7%) und das unerlaubte Betreiben von Anlagen (3,2%). Laut Statistischem Bundesamt ging die Zahl der wegen Straftaten gegen die Umwelt verurteilten Personen (Westdeutschland und Berlin) zwischen 1995 und 2006 von 3.306 auf 1.873 zurück.

a) Um wie viel % sank die Zahl der Straftaten zwischen 1995 und 2006?
b) Wie hoch war die Zahl der Straftaten 2007?
c) Wie viele Straftaten waren 2006 umweltgefährdende Abfallbeseitigung, wie viele Gewässerverunreinigung und wie viele unerlaubtes Betreiben von Anlagen?
d) Um wie viel % sank zwischen 1995 und 2006 die Zahl der wegen Straftaten gegen die Umwelt verurteilten Personen?

Bundeskriminalamt (BKA) www.bka.de; Statistisches Bundesamt: Statistisches Jahrbuch 2008, Rechtspflege

7. Für eine Echthaar-Modeperücke wurde ein Nettopreis (= ohne Mehrwertsteuer) von 474,30 € ermittelt. Die Selbstkosten betrugen 382,50 €.
Wie viel % von den Selbstkosten betrug der Gewinn?

8. Eine Friseurin erhält 45,20 € mehr Lohn, nachdem der Lohntarif um 3,1 % erhöht wurde. Als Anerkennung für gute Leistungen zahlt ihr Arbeitgeber freiwillig 2,5 % über dem neuen Tarif.
Wie hoch ist ihr Bruttolohn?

9. Nach dem DSW-Datenreport (Deutsche Stiftung Weltbevölkerung) wurden für das Jahr 2006 nebenstehende Bevölkerungszahlen ermittelt sowie für das Jahr 2050 vorausgesagt: Welchen Anteil in % an der Weltbevölkerung haben die einzelnen Erdteile 2006 und welchen werden sie 2050 haben?

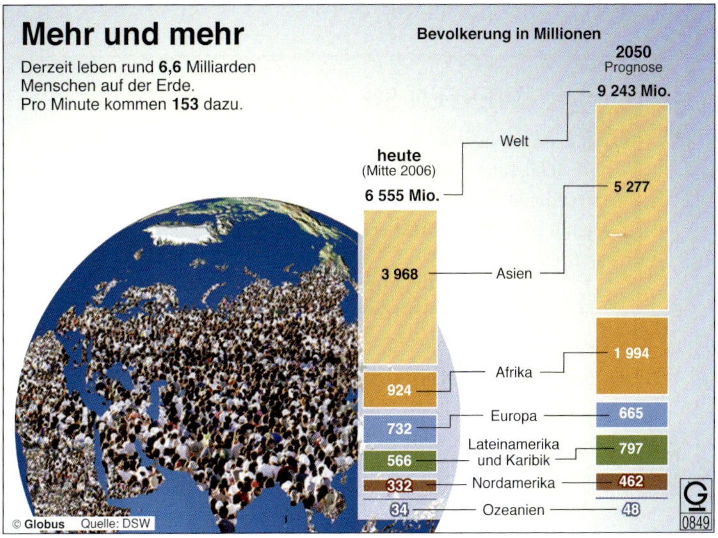

10. Deutschland hatte 2013 (Dezember) 80.716.000 Einwohner.

a) Davon hatten 365.000 Personen mehr als eine Million Euro Geldvermögen. Wie viel Prozent sind dies?
b) 3.700 Personen hatten davon ein Geldvermögen von mehr als 30 Millionen Euro. Wie viel Prozent sind dies?
c) 0,5 Prozent der deutschen Bevölkerung verfügen über ein Viertel des gesamten deutschen Vermögens. Wie viele Einwohner sind dies?
d) Die Gruppe der Reichen nahm jährlich um durchschnittlich 5,3% zu. Wie viele Einwohner sind dies jährlich?
e) 20% der deutschen Bevölkerung werden immer ärmer. Wie viele Menschen sind dies?

Quelle: Bischöfliches Generalvikariat, Abt. Schulen, Osnabrück

11. Für einen Friseursalon wird eine Feuerversicherung abgeschlossen. Bei einer Versicherungssumme von 125.000,00 € beträgt die Jahresprämie 1,4 ‰.
Wie viel € müssen jährlich an die Versicherung überwiesen werden?

12. Martina bekommt alle Waren, die sie in ihrem Lehrbetrieb kauft, 12,5 % billiger.
Wie teuer waren die Kosmetikartikel ausgezeichnet, die sie zum ermäßigten Preis von 21,35 € gekauft hat?

13. Nur ein ganz geringer Teil unseres Trinkwassers wird tatsächlich als Trinkwasser genutzt. Lediglich 3 von insgesamt 146 Litern, die jeder Bundesbürger durchschnittlich pro Tag verbraucht, werden zum Trinken und Kochen verwendet.
Wie viel Prozent vom Gesamtverbrauch eines Bundesbürgers sind diese 3 Liter?

14. In einer Fachzeitschrift sieht Meister Kämmler folgende Anzeige:

> **„WERFEN SIE IHRE ALTE RAUS",**
>
> und verwenden Sie dafür unsere supermoderne Trockenhaube HF 4000. Damit Ihnen der Entschluss noch leichter fällt, nehmen wir Ihre alte Trockenhaube in Zahlung, d.h., Sie können den ohnehin schon supergünstigen Preis von 945,00 € um weitere 15% verbilligen.
>
> **Friseurbedarf Felix Hauber, Telefon ...**

Wie viel € muss Meister Kämmler zahlen, wenn er seine alte Trockenhaube in Zahlung gibt?

15. Die Inhaberin eines Salons verkauft alle Produkte einer auslaufenden Kosmetikserie mit 20 % Nachlass.
Wie viel € muss eine Kundin bezahlen, die zwei Artikel kauft, welche bisher 10,75 € und 9,25 € gekostet haben?

16. Natalie hat für ihren Boxer Franz-Josef eine Tierhaftpflichtversicherung mit einem Jahresbeitrag von 49,00 € abgeschlossen. Kurz darauf verbeißt sich Franz-Josef im Bein des Briefträgers. Für eine neue Herrenhose, die ärztliche Behandlung und ein Schmerzensgeld muss die Versicherung 1.087,00 € zahlen.

a) Ermitteln Sie, um wie viel % der Schaden den Versicherungsbeitrag übersteigt.
b) Wie viel ‰ beträgt der Versicherungsbeitrag, wenn die Versicherungssumme 14.000,00 € ausmacht?

8 Das Zinsrechnen

Zinsen sind die Vergütung, die bezahlt werden muss, wenn Kapital zur Verfügung gestellt wird. Deshalb berechnet die Bank Zinsen für einen eingeräumten Kredit, oder sie vergütet Zinsen, wenn bei ihr Geld eingezahlt wird. Über die Höhe der Zinsen informiert der Zinssatz. Er wird in Prozent (%) angegeben und bezieht sich normalerweise auf ein Jahr. Das folgende Beispiel soll dies etwas veranschaulichen:

> Ein Zinssatz von 6 % bedeutet, dass in einem Jahr 6 € Zinsen auf 100,00 € Kapital gezahlt werden.

Sie sehen: Die Zinsrechnung ist nichts anderes als eine erweiterte Prozentrechnung, bei der man andere Bezeichnungen verwendet. Außerdem kommt eine weitere Rechengröße – nämlich die **Zeit** – hinzu. In der Zinsrechnung unterscheidet man demnach vier Größen:

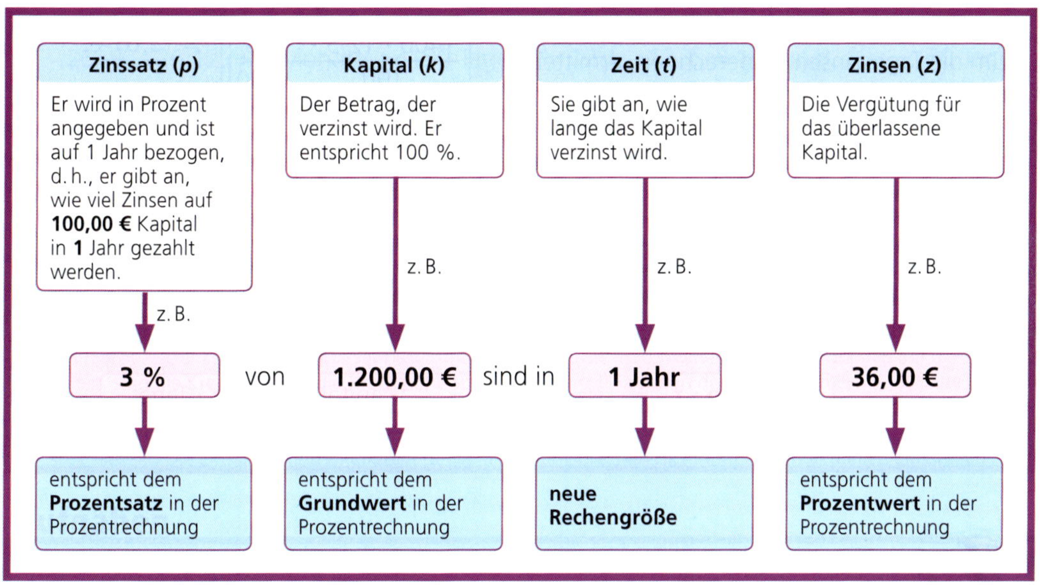

Beim Zinsrechnen müssen immer drei dieser vier Größen bekannt sein, damit die fehlende vierte Größe berechnet werden kann. Die Berechnung kann mithilfe der Dreisatzrechnung oder unter Anwendung der Zinsformel erfolgen.

19. Für den Kauf eines neuen Autos zum Preis von 10.500 € fehlen einer Friseurgesellin noch 6.300 €. Der Autohändler bietet folgende Zahlungsmöglichkeiten an:

- Zahlung innerhalb von 10 Tagen bei 2 % Skonto
- 4.200 € Anzahlung, den Rest in 15 Monatsraten zu jeweils 456,72 €

Bei ihrer Bank könnte sie ein 15-monatiges Anschaffungsdarlehen zu 7¾ % erhalten.

a) Wie viel € muss die Friseurgesellin insgesamt bezahlen, wenn sie sich für den Ratenkauf entscheidet?

b) Wie viel € sind aufzubringen, wenn das Anschaffungsdarlehen gewählt wird?

c) Vergleichen Sie beide Angebote und geben Sie an, welche Zahlungsmöglichkeit günstiger ist.

8.2 Berechnen von Kapital, Zinssatz und Zeit

8.2.1 Berechnen des Kapitals

Für die Berechnung des Kapitals wird die Tageszinsformel entsprechend umgestellt.

$$z = \frac{k \cdot p \cdot t}{100 \cdot 360}$$

· 100 · 360

$$z \cdot \mathbf{100} \cdot \mathbf{360} = \frac{k \cdot p \cdot t \cdot \cancel{\mathbf{100}} \cdot \cancel{\mathbf{360}}}{\cancel{100} \cdot \cancel{360}}$$

$$z \cdot 100 \cdot 360 = k \cdot p \cdot t$$

: (p · t)

$$\frac{z \cdot 100 \cdot 360}{\mathbf{p \cdot t}} = \frac{k \cdot \cancel{p} \cdot \cancel{t}}{\cancel{\mathbf{p}} \cdot \cancel{\mathbf{t}}}$$

$$\mathbf{k} = \frac{\mathbf{z \cdot 100 \cdot 360}}{\mathbf{p \cdot t}}$$

$$\textbf{Kapital} = \frac{\text{Zinsen} \cdot 100 \cdot 360}{\text{Zinssatz} \cdot \text{Tage}}$$

Beispiel:

Welches Kapital bringt bei einem Zinssatz von 7,5 % in 96 Tagen 65,60 € Zinsen?

Lösung: $k = \frac{65{,}60 \cdot 100 \cdot 360}{7{,}5 \cdot 96} = \underline{\underline{3.280{,}00\ €}}$

Beachten Sie:

Wenn Sie die normale Zinsformel umstellen, um das **Kapital**, den **Zinssatz** oder die **Zeit** zu berechnen,

steht **$z \cdot 100 \cdot 360$** **immer auf dem Bruchstrich.**

Aufgaben

1. Berechnen Sie das Kapital.

	a)	b)	c)	d)
Zinsen *(z)*	276,48 €	85,00 €	2.736,00 €	138,24 €
Zinssatz *(p)*	4 %	9 %	6 %	8 %
Zeit *(t)*	96 Tage	170 Tage	15.03. – 15.09.	18.05. – 24.08.
Kapital *(k)*	?	?	?	?

2. Frau Pichler hat ihre Ersparnisse für 120 Tage zu einem Zinssatz von 0,25 % angelegt. Die Bank zahlt hierfür 15,00 € Zinsen.
Wie viel € wurden angelegt?

3. Andrea hat ihr Sparkonto aufgelöst, weil sie mit ihrer Freundin zum Skifahren möchte. Das Guthaben wurde 10 Monate verzinst und brachte 52,50 € Zinsen.
Wie viel € hat sie angelegt, wenn das Geld mit 4½ % verzinst wurde?

4. Der Überziehungskredit für ein Girokonto wurde mit 11,5 % verzinst.
Wie hoch war der Kredit, wenn für 28 Tage 16,10 € Zinsen berechnet wurden?

5. Für ein Anschaffungsdarlehen, das am 10. Januar aufgenommen wurde, mussten am 30.06. des gleichen Jahres 871,25 € Zinsen gezahlt werden. Der Zinssatz betrug 10,25 %.
Wie hoch war die Darlehenssumme?

Beachten Sie:

Der **effektive Jahreszins** ist der Zinssatz, der alle Kosten für einen Kredit (Zinsen, Kontoführungsgebühren etc.) berücksichtigt. Nach einem Urteil des BGH (Bundesgerichtshof) vom 13. Mai 2014 sind Bearbeitungsgebühren (z. B. Kosten für die Kreditantragsbearbeitung) für Verbraucherkredite unzulässig, da diese bereits in der Verzinsung berücksichtigt werden müssen.

Aufgaben

1. Ermitteln Sie, wie viele Tage die folgenden Beträge verzinst worden sind.

	a)	b)	c)	d)
Kapital *(k)*	13.500,00 €	3.600,00 €	4.968,00 €	37.800,00 €
Zinsen *(z)*	303,75 €	74,25 €	75,90 €	693,00 €
Zinssatz *(p)*	4,5 %	7,5 %	6,25 %	11 %
Zeit *(t)*	?	?	?	?

2. Bei einem Zinssatz von 0,5 % wurden 26,25 € Zinsen auf eine Spareinlage von 1.800,00 € gezahlt.
Wie viele Tage wurde das Geld verzinst?

3. Herr Renner kauft einen Sportwagen und nimmt dafür einen Bankkredit in Höhe von 24.000,00 € auf. Die Bank gewährt den Kredit zu einem Zinssatz von 12,5 %. Herr Renner möchte insgesamt höchstens 1.500,00 € Zinsen zahlen.
Nach wie vielen Monaten muss er den Kredit zurückzahlen?

4. Das Sparbuch von Lena hat am 31.12. einen Guthabenstand von 2.100,00 €. Lena möchte sich von den zukünftigen Zinsen einen MP3-Player kaufen.
Wie lange muss sie mit dem Kauf warten, wenn das Gerät 39,90 € kostet und das Guthaben mit 4,75 % verzinst wird?

5. Herr Borgward hat ein Darlehen über 15.000,00 € zu 11,5 % Zinsen aufgenommen. Am Fälligkeitstermin zahlt er 16.293,75 € zurück.
Wie viele Monate hat er den Kredit beansprucht?

6. Spätestens am 12.06. hätte eine Rechnung über 2.192,85 € bezahlt werden müssen. Deshalb mussten einschließlich 9 % Zinsen 2.219,16 € überwiesen werden.
Wann wurde die Rechnung bezahlt?

7. Frau Zinser hat ihre Ersparnisse von 35.000,00 € als Festgeld zu 0,35 % angelegt. Am 21.07. erhält sie von der Bank eine Zinsgutschrift über 93,75 €.
a) Wie viele Tage war das Kapital angelegt?
b) Ermitteln Sie den Tag, an dem das Geld eingezahlt wurde.

8. Meister Knicker hat es versäumt, die Rechnung einer Kosmetikfirma über 1.620 € rechtzeitig zu bezahlen. Am 15.03. berechnet ihm die Firma deshalb 7 % Verzugszinsen und verlangt, dass er 11,34 € zusätzlich bezahlt.
a) Seit wie vielen Tagen ist die Rechnung fällig?
b) Wann wurde die Rechnung ausgestellt, wenn ein Zahlungsziel (= Zahlungsfrist) von 30 Tagen vereinbart war?

9. Am 10.04. hat Frau Borg bei der Kreditvermittlung Reich & Geldermann ein Darlehen über 7.150,00 € aufgenommen. Einschließlich 14,5 % Zinsen musste sie 7.775,63 € zurückzahlen.
Berechnen Sie, wann das Darlehen getilgt wurde.

Vermischte Aufgaben

1. Berechnen Sie die fehlenden Angaben.

	a)	b)	c)	d)
Kapital (*k*)	1.755,80 €	8.625,00 €	10.854,00 €	?
Zeit (*t*)	180 Tage	12.03. – 12.06.	?	08.06. – 23.08.
Zinsen (*z*)	?	258,75 €	54,27 €	29,90 €
Zinssatz (*p*)	4 %	?	7,5 %	5,75 %

2. Wie viel Zinsen bringen bei einem Zinssatz von 5,5 %
a) 4.850,00 € in 60 Tagen,
b) 2.748,00 € in 72 Tagen,
c) 824,75 € in 85 Tagen,
d) 9.228,90 € in 98 Tagen?

3. Die Eigentumswohnung von Herrn Clever hat 135.000,00 € gekostet. Sie soll vermietet werden. Herr Clever möchte, dass sich sein eingesetztes Kapital mit 4 % verzinst.
Berechnen Sie, wie hoch die monatliche Miete sein muss.

4. Sofort nach der bestandenen Meisterprüfung möchte die „frisch gebackene" Friseurmeisterin Jeannette einen eigenen Salon eröffnen. Hierzu nimmt sie einen Bankkredit über 78.000,00 € auf, für den sie monatlich 520,00 € Zinsen zahlen muss.
Berechnen Sie den Zinssatz.

5. Frau Altmann erhält eine monatliche Altersrente von 990,00 €.
Welches Kapital hätte sie ansparen müssen, damit sie bei einem Zinssatz von 4,5 % jährlich den gleichen Betrag als Zinsen zur Verfügung haben würde?

6. Uli interessiert sich im Fahrradhaus Renner für ein Trekkingrad. Der Verkäufer macht ihm folgendes Angebot:
„Entweder zahlen Sie bei Lieferung 925,00 €, oder Sie zahlen nach 4 Monaten 975,88 €."
Da Uli nicht bar zahlen kann, überlegt er nun, ob es nicht günstiger wäre, bei seiner Bank einen Überziehungskredit zu 12,75 % in Anspruch zu nehmen.

7. Meister Reineke bestellt 6 Bedienungsstühle zum Gesamtpreis von 6.450,00 €. Die Lieferfirma bietet folgende Zahlungsbedingungen:
Zahlung bar bei Lieferung mit 3 % Skonto oder Zahlung innerhalb von 30 Tagen ohne Abzug.
Meister Reineke überlegt nun, ob er Geld sparen kann, wenn er einen Bankkredit aufnimmt, um den Skontoabzug auszunützen. Die Bank würde 10,5 % Zinsen berechnen.

8. Zu ihrem 20. Geburtstag spendierte Timo seiner Freundin etwas ganz Besonderes – nämlich ein Wochenende in Paris. Deshalb musste er sein Girokonto vom 5. Juni bis 1. Juli überziehen. Bei einem Zinssatz von 15 % berechnete die Bank dafür 16,25 € Überziehungszinsen.
Um wie viel € hatte Timo das Konto überzogen?

9. Eine Friseurmeisterin nahm einen Kredit in Höhe von 37.380,00 € zu 8,25 % Zinsen auf. Einschließlich Zinsen zahlte sie am 18. Mai den Betrag von 38.407,95 € zurück.
Wann wurde der Kredit ausbezahlt?

10. Simon möchte ein neues Motorrad kaufen. Er benötigt deshalb für 5 Monate einen Kredit über 4.800,00 €. Um Geld zu sparen, vergleicht er die Konditionen von 2 verschiedenen Banken.

- Bank A verlangt 11,75 % für den erforderlichen Zeitraum.
- Bank B berechnet 9,5 %, besteht jedoch auf einer Mindestlaufzeit von 6 Monaten.

Ermitteln Sie, welche Bank das günstigere Angebot gemacht hat.

11. Als Belohnung für die bestandene Gesellenprüfung legt Frau Freud für ihre Enkelin ein Sparbuch an und zahlt 2.500,00 € darauf ein. Bei 4 % Zinsen ist das Guthaben bis Jahresende auf 2.555,00 € angewachsen.

a) Wie viele Tage wurde das Geld verzinst?
b) An welchem Tag wurde der Betrag einbezahlt?

12. Frau Fuchs liest in ihrer Tageszeitung folgende Anzeige:

> **30.000,00 € vom 01.03.14 bis 01.11.14 von Privat gesucht. Rückzahlung 35.000,00 €**
> ✉ unter Z 4234153

Sie überlegt nun, welchem Zinssatz dieses Angebot entspricht.

13. Zum Gesamtpreis von 1.872,00 € kauft eine Friseurmeisterin am 16.06. für ihren Salon 2 Trockenhauben. Die Lieferfirma bietet folgende Zahlungsmöglichkeiten an: Zahlung innerhalb von 30 Tagen, bei Zahlung innerhalb von 10 Tagen werden 3 % Skonto gewährt, bei verspäteter Zahlung werden 5 % Verzugszinsen berechnet.

a) Wie viel € muss die Meisterin überweisen, wenn sie am 25.06. bezahlt?
b) Wie viel € muss sie am 29.08. bezahlen?

14. Vergleichen Sie, was eine Sparbucheinlage von 1.000 € jeweils für ein halbes Jahr Zinsen gebracht hätte. (Der Einfachheit halber nehmen Sie an, dass es ab 1970 schon den Euro gegeben und der jeweilige Zinssatz für 360 Tage gegolten hätte).

Entwicklung der Sparzinsen für Spareinlagen mit gesetzlicher Kündigungsfrist (Bundesdurchschnitt)

Zeitpunkt	Sparzins
Juni 2014	0,15%
Juni 2003	0,71%
Januar 2000	1,24%
Januar 1995	2,06%
Januar 1991	2,86%
Januar 1985	3,00%
Januar 1980	4,00%
Januar 1982	5,00%
Februar 1974	5,51%
Februar 1970	4,50%

Quelle: Deutsche Bundesbank

8.3 Berechnen von Zinseszinsen

Beispiel:

Sven hat 1.200,00 € auf seinem Sparbuch.

Auf wie viel € ist sein Anfangskapital nach 3 Jahren angewachsen, wenn die Bank 3 % Zinsen auf Spareinlagen zahlt?

Lösung:

Banken rechnen mit **Zinseszinsen**, d. h. sie verzinsen auch die gutgeschriebenen Zinsen.

Anfangkapital	1.200,00 €
+ 3 % Zinsen	36,00 €
Kontostand nach 1 Jahr	1.236,00 €
+ 3 % Zinsen	37,08 €
Kontostand nach 2 Jahren	1.273,08 €
+ 3 % Zinsen	38,19 €
Kontostand nach 3 Jahren	1.311,27 €

Ergebnis: Nach 3 Jahren ist das Anfangskapital auf 1.311,27 € angewachsen.

Sollen die Zinseszinsen für einen größeren Zeitraum (z. B. 15 Jahre) berechnet werden, so ist die Ermittlung nach dem dargestellten Verfahren umständlich und aufwendig.

Zinseszinsen werden deshalb mit der **Zinseszinstabelle** berechnet. Diese Tabelle gibt an, auf wie viel € ein Anfangskapital von 1,00 € anwächst; bei einem bestimmten Zinssatz und einer bestimmten Zeit.

Auszug aus der Zinseszinstabelle

Jahre	Ein Kapital von 1,00 € wächst bei einer Verzinsung von						
	3 %	**3,5 %**	**4 %**	**4,5 %**	**5 %**	**5,5 %**	**6 %**
	auf €						
1	1,03	1,035	1,04	1,045	1,05	1,055	1,06
2	1,0609	1,071225	1,0816	1,092025	1,1025	1,113025	1,1236
3	1,092727	1,108718	1,124864	1,141166	1,157625	1,174241	1,191016
4	1,125509	1,147523	1,169859	1,192519	1,215506	1,238825	1,262477
5	1,159274	1,187686	1,216653	1,246182	1,276282	1,306960	1,338226
6	1,194052	1,229255	1,265319	1,302260	1,340096	1,378843	1,418519
7	1,229874	1,272279	1,315932	1,360862	1,407100	1,454679	1,503630
8	1,266770	1,316809	1,368569	1,422100	1,477455	1,534686	1,593848
9	1,304773	1,362897	1,423312	1,486095	1,551328	1,619094	1,689479
10	1,343916	1,410598	1,480244	1,552969	1,628894	1,708144	1,790847
11	1,384233	1,459969	1,539454	1,622853	1,710339	1,802092	1,898298
12	1,425760	1,511068	1,601032	1,695881	1,795856	1,901207	2,012196
13	1,468533	1,563956	1,665073	1,772195	1,885649	2,005773	2,132928
14	1,512589	1,618694	1,731676	1,851944	1,979931	2,116091	2,260903
15	1,557967	1,675348	1,800943	1,935282	2,078927	2,232476	2,396557

→ Mit der Zinseszinstabelle kann unser Eingangsbeispiel erheblich einfacher gelöst werden.

1,00 € wächst in 3 Jahren auf 1,092727 € an.
1.200,00 € wachsen in 3 Jahren auf 1200 · 1,092727 = 1.311,27 €

Bei der Berechnung von Zinseszinsen wird das Endkapital somit nach folgender Formel berechnet:

$$\text{Endkapital} = \text{Anfangskapital} \cdot \text{Tabellenwert}$$

Notfalls können die Tabellenwerte auch mit dem Taschenrechner ermittelt werden:

$$\text{Tabellenwert} = \left(1 + \frac{\text{Zinssatz}}{100}\right)^{\text{Anzahl der Jahre}}$$

Beispiel 1:

gegeben: Zinssatz 5 %, 4 Jahre

→ **Tabellenwert** = $\left(1 + \frac{5}{100}\right)^4 = 1{,}05 \cdot 1{,}05 \cdot 1{,}05 \cdot 1{,}05 = 1{,}215506$

Beispiel 2:

gegeben: Zinssatz 4,5 %, 3 Jahre

→ **Tabellenwert** = $\left(1 + \frac{4{,}5}{100}\right)^3 = 1{,}045 \cdot 1{,}045 \cdot 1{,}045 = 1{,}141166$

Aufgaben

1. Ermitteln Sie das jeweilige Endkapital.

	a)	b)	c)	d)
Kapital *(k)*	2.900 €	14.870,00 €	8.615,75 €	1.898,60 €
Zinssatz *(p)*	4 %	5½ %	3½ %	6 %
Zeit *(t)*	4 Jahre	12 Jahre	7 Jahre	5 Jahre

2. Auf welchen Betrag einschließlich Zinsen wachsen 4.650,00 € bei einem Zinssatz von 4½ % in 12 Jahren?

3. Alfred Schlamp hat beim Aufräumen seiner Wohnung ein altes Sparbuch entdeckt, das er vor 15 Jahren von seinem Onkel zur Konfirmation geschenkt bekommen hatte. Sein Onkel hatte damals 275,00 € eingezahlt.
Wie viel Geld kann Alfred jetzt abheben, wenn 3 % Zinsen gezahlt wurden?

4. Berechnen Sie, wie viel Zinsen einschließlich Zinseszinsen 6.500,00 € bringen, die zu 6 % auf 4 Jahre angelegt werden.

5. Frau Fuchs legt bei ihrer Bank 5.000,00 € in einem sogenannten „Wachstumszertifikat" an. Die ersten 3 Jahre wird das Geld mit 4 % verzinst, dann 2 Jahre mit 5,5 % und zuletzt 4 Jahre mit 6 %.
Welchen Betrag einschließlich Zinseszinsen erhält Frau Fuchs insgesamt nach 9 Jahren ausbezahlt?

9 Das Mischungsrechnen

9.1 Verdünnen von Konzentraten

Dauerwellmittel, Fixierungen, Haarfarben oder Kopfwaschmittel werden heute meist als gebrauchsfertige Präparate angeboten. Häufig werden diese Mittel aber auch als flüssige Konzentrate geliefert. Die Folge: Solche Konzentrate müssen erst gebrauchsfertig gemacht werden, indem man sie entsprechend der jeweiligen Gebrauchsanweisung verdünnt.

Beispiel 1:

Ein Friseur hat einen 5-*l*-Kanister mit einem Kopfwaschmittelkonzentrat bestellt. Laut Gebrauchsanweisung muss das Mittel im Verhältnis 1:9 mit Wasser verdünnt werden, damit man eine gebrauchsfertige Shampoolösung erhält.

Wie viel *l* Shampoolösung ergibt der 5-*l*-Kanister?

Lösung:

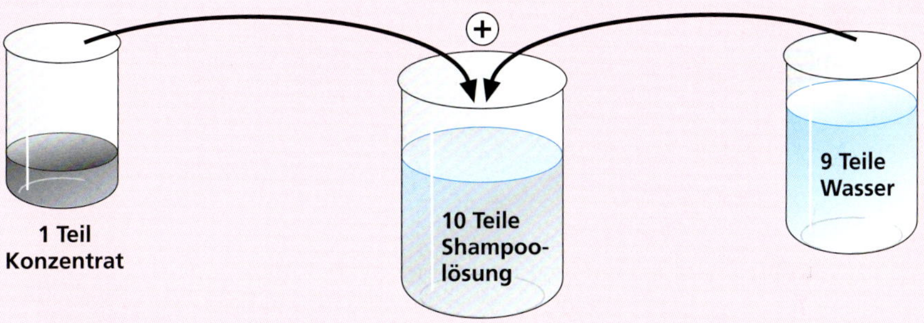

Das zu **verdünnende Konzentrat** wird immer **zuerst genannt.*** Somit hat die Gebrauchsanweisung folgende Bedeutung:

Mischungsverhältnis 1:9 — *bedeutet* →

	1 Teil Konzentrat
+	9 Teile Verdünnungsmittel (Wasser)
=	10 Teile Shampoolösung

Die mengenmäßige Verteilung kann somit folgendermaßen berechnet werden.

	1 Teil Konzentrat	=	5 *l*
+	9 Teile Wasser = (5 *l* · 9)	=	45 *l*
=	10 Teile Shampoolösung	=	50 *l*

Ergebnis: Der 5-*l*-Kanister ergibt 50 *l* gebrauchsfertige Shampoolösung.

* Die Herstellerangaben bei manchen Färbe- und Blondiercremes können von dieser Regel abweichen. Siehe S. 120

Beispiel 2:

Zum Fixieren werden 80 ml gebrauchsfertiger Schaumfixierung benötigt. Laut Herstellerangaben soll das vorhandene Konzentrat im Verhältnis 1:3 mit Wasser verdünnt werden.

a) Berechnen Sie, wie viel ml Konzentrat und wie viel ml Wasser gemischt werden müssen.

b) Wie viel € kosten die 80 ml gebrauchsfertige Lösung, wenn 1 l Konzentrat 7,45 € kostet?

Lösung:

a) **Mischungsverhältnis 1:3** — ***bedeutet*** →

	1 Teil Konzentrat
+	3 Teile Verdünnungsmittel (Wasser)
=	4 Teile gebrauchsfertige Lösung

Die mengenmäßige Verteilung wird folgendermaßen berechnet:

4 Teile = 80 ml

$$1 \text{ Teil} = \frac{80 \text{ ml}}{4} = 20 \text{ ml}$$

→ Konzentrat = 1 Teil = $\underline{\underline{20 \text{ ml}}}$

→ Wasser = 3 Teile = 20 ml · 3 = $\underline{\underline{60 \text{ ml}}}$

Ergebnis: Es werden 20 ml Konzentrat und 60 ml Wasser benötigt.

b) Die Kosten für die **benötigte Wassermenge** (60 ml) liegen weit **unterhalb der Centgrenze**. Deshalb werden **nur die Kosten für das Konzentrat ermittelt**. Die Berechnung erfolgt mit einem Dreisatz.

1 l Konzentrat = 1000 ml Konzentrat

1000 ml Konzentrat = 7,45 €
20 ml Konzentrat = *x* €

$$x = \frac{7{,}45 \cdot 20}{1000} \approx \underline{\underline{0{,}15 \text{ €}}}$$

Ergebnis: 80 ml gebrauchsfertige Lösung kosten 0,15 €.

Aufgaben

1. Ein Dauerwellmittel wird im Verhältnis 1:2 verdünnt.
Wie viel ml Konzentrat und wie viel ml Wasser müssen gemischt werden, damit man 120 ml gebrauchsfertige Lösung erhält?

2. Wie viel ml gebrauchsfertige Lösung erhält man aus 150 ml Kopfwaschmittelkonzentrat, wenn das Konzentrat im Verhältnis 1:12 mit Wasser gemischt werden soll?

3. Berechnen Sie, welche Mengen an Konzentrat und Wasser für die folgenden Lösungsmengen erforderlich sind:

	Lösungsmenge	Mischungsverhältnis
a)	180 ml	1:9
b)	1080 ml	1:19
c)	320 cm^3	1:15
d)	5 l	1:7
e)	1,2 l	1:5

4. Ermitteln Sie, wie viel ml Lösung man aus folgenden Konzentraten erhält:

	Konzentratmenge	Mischungsverhältnis
a)	70 ml	1:6
b)	90 ml	1:12
c)	0,25 l	1:9
d)	220 ml	2:5
e)	2,5 l	1:4

5. Die Beschäftigten im Friseurhandwerk sind durch den engen Kundenkontakt ständig dem erheblichen Risiko einer infektiösen Krankheitsübertragung ausgesetzt. Ein wirksamer Schutz für den Friseur und seine Kunden ist die Desinfektion. Für die Desinfektion von Händen, Geräten und Werkzeugen werden in einem Salon täglich 6 l Desinfektionslösung benötigt. Diese wird aus einem Desinfektionskonzentrat im Verhältnis 1:49 hergestellt.

a) Berechnen Sie, wie viel Konzentrat und wie viel Wasser erforderlich sind, um 6 l Desinfektionslösung herzustellen.

b) Wie hoch sind die Desinfektionskosten pro Tag, wenn 1 l Desinfektionskonzentrat 22,50 € kostet?

6. Der Hersteller eines Shampookonzentrats empfiehlt eine Verdünnung von 1:15.
Wie viel ml Konzentrat und wie viel ml Wasser werden benötigt, wenn 8 Flaschen zu je 0,5 l mit der gebrauchsfertigen Lösung gefüllt werden sollen?

Beachten Sie:

Bei der Mischung von Färbecremes und Blondiercremes sind die Zubereitungs-(Mischungs-)hinweise der jeweiligen Herstellerfirma zu beachten. Manche Firmen geben zuerst den Farbanteil, dann den Anteil H_2O_2 in einer bestimmten Konzentration an. Gehen Sie bei den unten stehenden Aufgaben von dieser Annahme aus.

7. Für eine Strähnenblondierung werden 90 ml Blondiermasse gebraucht. Sie soll aus Blondiercreme und aus 6%igem H_2O_2 im Verhältnis 1:2 zusammengemischt werden.

a) Wie viel ml Blondiercreme und wie viel ml H_2O_2 werden benötigt?

b) Wie viel € kostet die Blondiermasse, wenn 1 Liter 6%iges H_2O_2 4,10 € und 50 ml Blondiercreme 13,75 € kosten?

8. Für eine Färbung wird eine 50-ml-Tube Färbecreme verwendet. Laut Gebrauchsanweisung soll sie im Verhältnis 1:2 mit 9%igem H_2O_2 vermischt werden.
Wie hoch sind die Materialkosten, wenn die Tube Färbecreme 9,95 € kostet und 6,40 € für 1 Liter 9%iges H_2O_2 anzusetzen sind?

9.2 Das Mischungskreuz, Berechnung der Mischungsanteile

Im Friseursalon wird Wasserstoffperoxid (H_2O_2) in unterschiedlicher Konzentration zu den verschiedensten Zwecken benötigt. Man braucht es z. B. zum Blondieren, zum Fixieren der Dauerwelle, zum Haarfärben oder zur Desinfektion. Der Fachhandel bietet normalerweise H_2O_2 in folgender Konzentration an: 3%ig, 6%ig, 9%ig, 12%ig oder 18%ig. Da der Preisunterschied beispielsweise zwischen 6%igem und 18%igem H_2O_2 minimal ist, wird ein kostenbewusster Friseur hochprozentiges H_2O_2 beziehen und dieses selbst verdünnen. Die Folge: Die durch Verdünnen hergestellte niedrigere Konzentration ist erheblich billiger als die gebrauchsfertig gekaufte Lösung mit gleicher Konzentration.

Beispiel 1:

Aus 18%igem Wasserstoffperoxid soll durch Mischen mit Wasser eine 6%ige Lösung hergestellt werden.

a) In welchem Verhältnis muss das 18%ige H_2O_2 mit Wasser gemischt werden?

b) Wie viel *ml* 18%iges H_2O_2 und wie viel *ml* Wasser müssen gemischt werden, wenn 150 *ml* von der 6%igen Lösung gebraucht werden?

Lösung:

a)

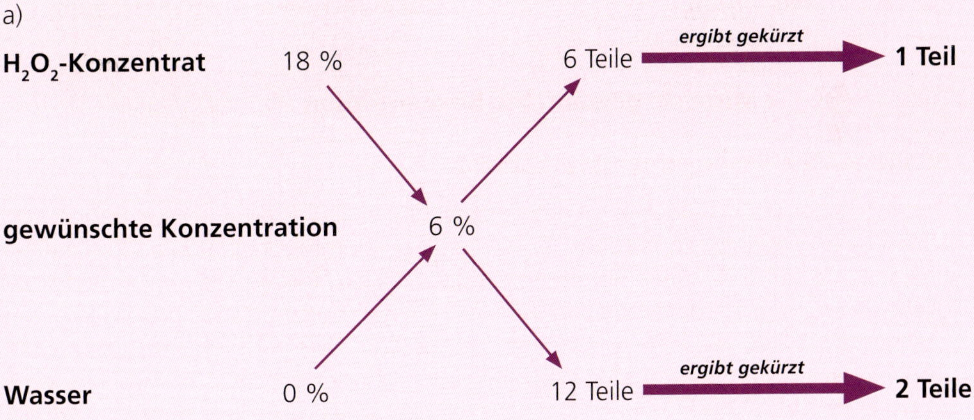

Ergebnis: Das Mischungsverhältnis lautet 1:2, also 1 Teil 18%iges H_2O_2 und 2 Teile Wasser.

b)

Mischungsverhältnis 1:2 — *bedeutet* →

1 Teil 18%iges H_2O_2
\+ 2 Teile Wasser
= 3 Teile 6%iges H_2O_2

Die mengenmäßige Verteilung kann folgendermaßen berechnet werden:

3 Teile = 150 ml

$$1\ \text{Teil} = \frac{150\ \text{ml}}{3} = 50\ \text{ml}$$

→ 18%iges H_2O_2 = 1 Teil = <u>50 ml</u>

→ Wasser = 2 Teile = 50 ml · 2 = <u>100 ml</u>

Ergebnis: Es werden 50 ml 18%iges H_2O_2 und 100 ml Wasser benötigt.

Arbeitsschritte:

1. Zeichnen Sie ein **Mischungskreuz**.
2. Tragen Sie **links oben** die Konzentration der **stärkeren Ausgangslösung** ein (hier: 18 %).
3. Tragen Sie **links unten** die Konzentration der **schwächeren Ausgangslösung** ein (hier: 0 %, da Wasser kein H_2O_2 enthält).
4. Tragen Sie in der **Mitte** die **gewünschte Konzentration** ein (hier 6 %).
5. **Berechnen Sie das Mischungsverhältnis.**

   Damit 6%iges H_2O_2 hergestellt werden kann, muss die 18%ige Konzentration von 18 % auf 6 % abnehmen, also um 12 %. Im Gegenzug muss die 0 %ige Konzentration von 0 % auf 6 % zunehmen. Die unterschiedlichen Prozentsätze müssen ausgeglichen werden, d. h., der Mischungsverlust der einen Konzentration muss durch den Mischungsgewinn der anderen aufgefangen werden. Dies wird erreicht, indem man die Differenzen zur gewünschten Konzentration „über Kreuz" mischt. Auf diese Weise erhält man das Mischungsverhältnis. Anschließend werden die ermittelten Anteile gekürzt, sofern möglich.
6. Ermitteln Sie die **mengenmäßigen Anteile**.

Beispiel 2:

9 %iges H_2O_2 soll mit 3 %igem H_2O_2 so vermischt werden, dass man 90 ml einer 6 %igen Konzentration erhält.

a) Berechnen Sie das Mischungsverhältnis.

b) Wie viel ml 9%iges H_2O_2 und wie viel ml 3 %iges H_2O_2 sind erforderlich?

Lösung:

a)

H_2O_2-Konzentrat 9 % → 3 Teile — *ergibt gekürzt* → **1 Teil**

gewünschte Konzentration 6 %

H_2O_2-Konzentrat 3 % → 3 Teile — *ergibt gekürzt* → **1 Teil**

Ergebnis: Das Mischungsverhältnis lautet 1 : 1, also 1 Teil 9 %iges H_2O_2 und 1 Teil 3 %iges H_2O_2.

b) **Mischungsverhältnis 1:1** — *bedeutet* →

	1 Teil 9 %iges H_2O_2
+	1 Teil 3 %iges H_2O_2
=	2 Teile 6%iges H_2O_2

Die mengenmäßige Verteilung kann folgendermaßen berechnet werden:

2 Teile = 90 ml

$$1\ \text{Teil} = \frac{90\ \text{ml}}{2} = 45\ \text{ml}$$

→ 9 %iges H_2O_2 = 1 Teil = $\underline{\underline{45\ \text{ml}}}$

→ 3%iges H_2O_2 = 1 Teil = $\underline{\underline{45\ \text{ml}}}$

Ergebnis: Es werden 45 ml 9 %iges H_2O_2 und 45 ml 3 %iges H_2O_2 benötigt.

Beachten Sie:

Das Mischungsverhältnis wird mit dem Mischungskreuz folgendermaßen ermittelt:

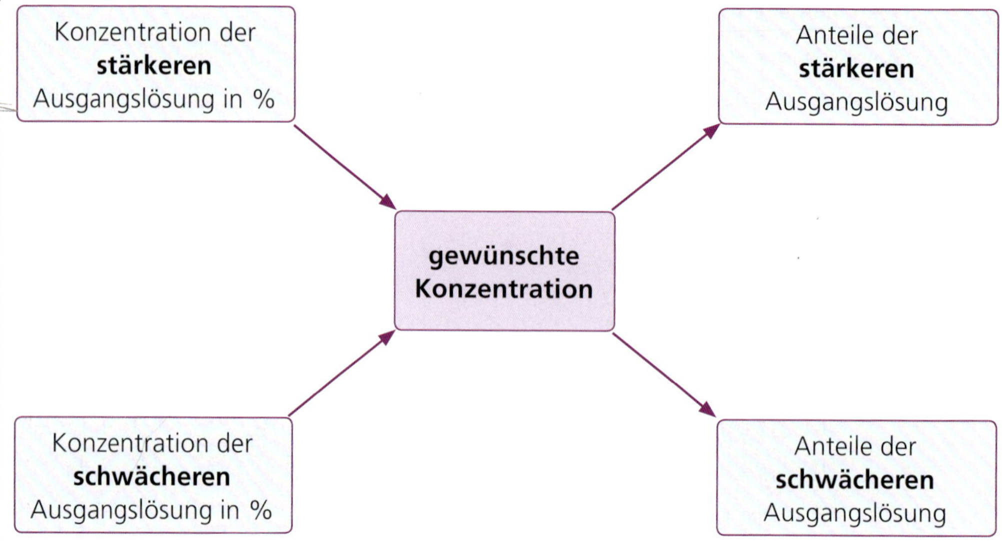

Denken Sie daran:

- Gemischt wird über Kreuz
- Abgelesen wird waagrecht.

Aufgaben

1. Berechnen Sie das Mischungsverhältnis.

	gewünschte Lösungsstärke	Konzentrat	Verdünnungsmittel
a)	6 %iges H_2O_2	12 %iges H_2O_2	0 %iges H_2O
b)	3 %iges H_2O_2	12 %iges H_2O_2	0 %iges H_2O
c)	5 %iges H_2O_2	18 %iges H_2O_2	0 %iges H_2O
d)	12 %iges H_2O_2	18 %iges H_2O_2	3 %iges H_2O_2
e)	9 %iges H_2O_2	12 %iges H_2O_2	0 %iges H_2O
f)	4,5 %iges H_2O_2	18 %iges H_2O_2	0 %iges H_2O

2. Ein Desinfektionsmittel (100 %) soll mit Wasser folgendermaßen gebrauchsfertig verdünnt werden:
a) für hygienisches Waschen 1 %ig
b) für das Wischwasser 2,5 %ig
c) für die Wäsche 4 %ig
In welchem Mischungsverhältnis muss jeweils gemischt werden?

3. Äthylalkohol desinfiziert am besten bei 80 %. Wie mischt man 90 %igen Äthylalkohol mit Wasser zu einer 80 %igen Lösung?

4. 95 %iger Äthylalkohol soll mit 45 %igem zu folgenden Lösungsstärken gemischt werden:
a) 60 % b) 70 % c) 50 % d) 80 %
Berechnen Sie das Mischungsverhältnis.

5. Berechnen Sie das jeweilige Mischungsverhältnis und die Mengenanteile in ml:

	Konzentrat	Verdünnung	Lösungsstärke	Lösungsmenge
a)	18 %iges H_2O_2	H_2O	15 %ig	2,4 l
b)	12 %iges H_2O_2	3 %iges H_2O_2	8 %ig	90 ml
c)	90 %iger Alkohol	30 %iger Alkohol	70 %ig	1,8 l
d)	95 %iger Alkohol	H_2O	45 %ig	0,285 l
e)	30%iges H_2O_2	H_2O	3 %ig	250 ml

6. Für eine Blondierung benötigt man 270 ml 5 %iges Blondierbad.
Wie viel ml Blondiercreme und wie viel 18 %iges H_2O_2 müssen gemischt werden?

7. Ein Haarwasser mit einem Alkoholgehalt von 30 % soll durch Mischen mit 80 %igem Alkohol auf einen Alkoholgehalt von 45 % verbessert werden. Benötigt werden 3,8 Liter 45 %iges Haarwasser.

8. Ein Rest von 250 ml 18 %igem H_2O_2 soll durch Mischen mit Wasser auf eine 3 %ige Lösung verringert werden. Wie viel ml Wasser müssen zugemischt werden, und wie viel ml Lösungsmenge erhält man?

9. Für eine Hellerfärbung benötigt man 180 ml 4,5 %igen Färbebrei.
a) Wie werden 18 %iges H_2O_2 und Farbcreme gemischt?
b) Wie werden 12 %iges H_2O_2 und Farbcreme gemischt?

9.3 Mischungsrechnen mit Formeln

9.3.1 Berechnen der Lösungsstärke (LS)

Bei der Dauerwelle, beim Fixieren oder beim Haarfärben muss der Friseur unbedingt darauf achten, dass die benötigte Lösung auch in der richtigen Konzentration verwendet wird. Vereinfacht gesagt: er muss wissen, wie viel Prozent die Lösung hat. Werden nämlich zu hohe Konzentrationen verwendet, dann können erhebliche Haarschäden die Folge sein. Arbeitet man mit zu niedrigen Konzentrationen, dann werden die gewünschten Ergebnisse nicht erzielt.

Beispiel 1:

50 ml 18 %iges H_2O_2 werden mit Wasser zu 450 ml Lösung vermischt.

Wie viel % beträgt die Lösungsstärke?

Lösung:

gegeben:	Konzentratmenge (KM)	= 50 ml
	Konzentratstärke (KS)	= 18 %
	Lösungsmenge (LM)	= 450 ml
gesucht:	Lösungsstärke (LS)	= ? %

Sie sehen: Bei unserer Aufgabenstellung sind drei Größen bekannt, die vierte Größe – die Lösungsstärke – muss berechnet werden. Sie kann mit einem Dreisatz mit ungeradem Verhältnis ermittelt werden.

(*Je mehr Verdünnung* einem Konzentrat zugemischt wird, *desto niedriger* wird die Stärke der Lösung. *Je mehr Prozent* ein Konzentrat hat, *desto weniger* wird davon benötigt.)

$$\begin{aligned} 50\ ml &= 18\ \% \\ 450\ ml &= x\ \% \end{aligned}$$

$$x = \frac{18 \cdot 50}{450} = 2\ \%$$

Ergebnis: Die Lösungsstärke beträgt 2 %, d. h., die Mischung hat eine H_2O_2-Konzentration von 2 %.

Aus unserem Dreisatz kann die **allgemeine Formel** zur Berechnung der Lösungsstärke abgeleitet werden. Sie ergibt sich, wenn die einzelnen Formelzeichen (LS, LM, KS, KM) entsprechend eingesetzt werden.

$$\mathbf{LS} = \frac{KS \cdot KM}{LM}$$

Beispiel 2:

Für eine Färbung werden 20 ml 9 %iges H_2O_2, 40 ml Farbcreme und 30 ml Wasser gemischt.

Berechnen Sie die H_2O_2-Konzentration des fertigen Färbebreis.

Lösung:

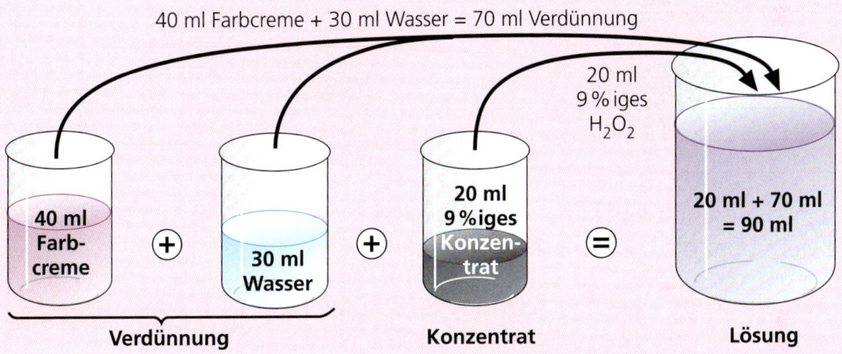

gegeben:	Konzentratmenge (KM)	= 20 ml
	Konzentratstärke (KS)	= 9 %
	Lösungsmenge (LM)	= 40 ml + 30 ml + 20 ml = 90 ml
gesucht:	Lösungsstärke (LS)	= ? %

$$\rightarrow \mathbf{LS} = \frac{KS \cdot KM}{LM} = \frac{9 \cdot 20}{90} = \underline{\underline{2\,\%}}$$

Ergebnis: Der fertige Färbebrei hat eine H_2O_2-Konzentration von 2 %.

Beachten Sie:

Die Formel für die Berechnung der Lösungsstärke lautet:

$$\mathbf{LS} = \frac{KS \cdot KM}{LM}$$

Die Abkürzungen bedeuten hierbei:

LS = ***Lösungsstärke*** bzw. der Prozentsatz der verdünnten Lösung
LM = ***Lösungsmenge*** bzw. Gesamtmenge (z. B. gebrauchsfertige Fixierung, gebrauchsfertiger Farbbrei, Blondierbrei usw.)
KS = ***Konzentratstärke*** in Prozent
KM = ***Konzentratmenge***

Aufgaben

1. Berechnen Sie die Lösungsstärke.

	Konzentratmenge (KM)	Konzentratstärke (KS)	Lösungsmenge (LM)
a)	100 *ml*	99 %	2 *l*
b)	5 *ml*	30 %	15 *ml*
c)	2 *ml*	90 %	200 *ml*
d)	15 *ml*	18 %	170 *ml*
e)	75 *ml*	50 %	2,9 *l*
f)	8 *ml*	70 %	90 *ml*

2. Für eine Fixierung werden 50 *ml* 30 %iges H_2O_2 mit Wasser zu 1,5 *l* Lösung gemischt. Wie viel % hat die Lösung?

3. Ein Nagellackentferner besteht aus 25 *ml* Azeton, 13 *ml* Amylazetat und 12 *ml* 96 %igem Alkohol. Wie groß ist der Alkoholgehalt der Mischung?

4. Zur Herstellung von Kölnisch-Wasser-Öl mischt man 40 cm^3 verschiedene Stoffe mit 800 *ml* 96 %igem Ethanol und 160 cm^3 Wasser. Wie stark ist die Lösung?

5. Für ein Manikür-Fingerbad werden gemischt: 150 *ml* Wasser, 15 *ml* Shampoo und 60 *ml* 3 %iges H_2O_2. Wie viel % hat das Fingerbad?

6. Eine zubereitete Haarfarbe enthält: 60 *ml* Farbcreme und 15 *ml* H_2O_2 18 %ig.
Welchen Gehalt an H_2O_2 weist die fertige Haarfarbe auf?

7. Für eine Blondierwäsche werden gemischt: 15 *ml* Blondiercreme, 60 *ml* Wasser, 30 *ml* 6 %iges H_2O_2 und 15 *ml* Shampoo.
Welche H_2O_2-Konzentration hat die fertige Blondierwäsche?

8. Für die Herstellung eines Farbbreis werden angerührt: 40 *ml* Farbcreme, 30 *ml* 6 %iges H_2O_2 und 20 *ml* Wasser.
Ermitteln Sie die H_2O_2-Konzentration.

9.3.2 Berechnen der Lösungsmenge (LM)

Beispiel 1:

Eine Auszubildende soll 1000 ml 98 %igen Alkohol durch die Zugabe von destilliertem Wasser zu einer 50 %igen Lösung verdünnen.

a) Welche Lösungsmenge erhält sie?

b) Wie viel ml Wasser muss sie dazugeben?

Lösung:

a) gegeben:	Konzentratmenge (KM)	= 1000 ml
	Konzentratstärke (KS)	= 98 %
	Lösungsstärke (LS)	= 50 %
gesucht:	Lösungsmenge (LM)	= ? ml

Zum Berechnen der Lösungsmenge wird die Formel für die Berechnung der Lösungsstärke entsprechend umgestellt.

$$\mathbf{LS} = \frac{KS \cdot KM}{LM}$$

↓ multipliziert mit LM

$$LS \cdot LM = \frac{KS \cdot KM \cdot \cancel{LM}}{\cancel{LM}}$$

↓ ergibt die Grundformel

$$\boxed{LS \cdot LM = KS \cdot KM}$$

↓ geteilt durch LS

$$\frac{\cancel{LS} \cdot LM}{\cancel{LS}} = \frac{KS \cdot KM}{LS}$$

↓

$$\boxed{\mathbf{LM} = \frac{KS \cdot KM}{LS}}$$

→ $\mathbf{LM} = \frac{98 \cdot 1000}{50} = \underline{\underline{1960\ ml}}$

Ergebnis: Sie erhält 1960 ml 50 %ige Lösung.

b)

	Lösungsmenge	1960 ml
–	Konzentratmenge	1000 ml
=	Verdünnungsmenge	960 ml

Ergebnis: Es müssen 960 ml destilliertes Wasser zugegeben werden.

Beispiel 2:

50 ml Farbcreme und 60 ml 6 %iges H_2O_2 werden mit Wasser zu einer 3 %igen Lösung vermischt.

a) Ermitteln Sie die Lösungsmenge.
b) Wie viel ml Wasser wurden zugemischt?

Lösung:

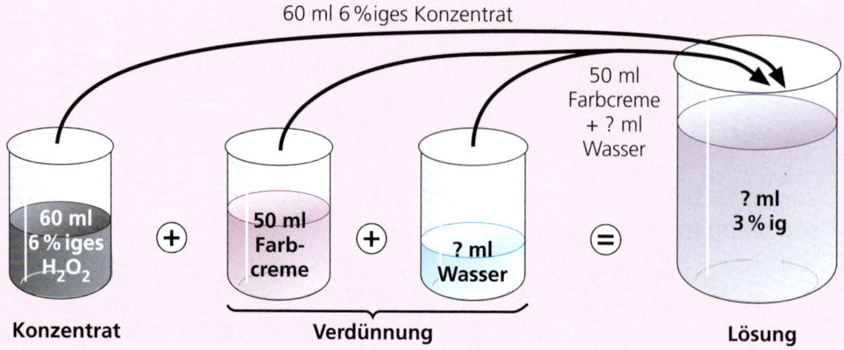

gegeben: Konzentratstärke (KS) = 6 %
Konzentratmenge (KM) = 60 ml
Lösungsstärke (LS) = 3 %
gesucht: Lösungsmenge (LM) = ? ml

$$\rightarrow \mathbf{LM} = \frac{KS \cdot KM}{LS} = \frac{6 \cdot 60}{3} = \underline{\underline{120\ ml}}$$

Ergebnis: Die Lösungsmenge beträgt 120 ml.

b) 120 ml Lösung
− 60 ml Konzentrat
− 50 ml Farbcreme
= 10 ml Wasser

Ergebnis: Es müssen 10 ml Wasser zugegeben werden.

Aufgaben

1. Berechnen Sie die Lösungsmenge und die zugemischte Wassermenge in ml.

	Konzentratmenge (KM)	Konzentratstärke (KS)	Lösungsstärke (LS)
a)	20 ml	75 %	40 %
b)	5 ml	98 %	10 %
c)	20 ml	99 %	2 %
d)	150 ml	18 %	3 %
e)	30 ml	6 %	5 %
f)	8 l	40 %	20 %
g)	2,74 l	70 %	40 %
h)	0,05 l	99 %	5 %

2. Auf einer Party soll eine 0,75-l-Flasche 40 %iger weißer Rum so mit Cola vermischt werden, dass der Alkoholgehalt des Mixgetränkes 3 % beträgt.
a) Wie viel l erhält man von dem Mixgetränk?
b) Wie viel l Cola müssen zugemischt werden?

3. Für eine Normalfärbung wird ein 3 %iger Färbebrei benötigt. Hierzu werden 30 ml 18 %iges H_2O_2 mit Farbcreme gemischt.
a) Berechnen Sie die Lösungsmenge.
b) Ermitteln Sie die Farbcrememenge.

4. Für eine Blondierung werden 40 ml 6 %iges H_2O_2 und Blondiercreme verwendet. Die Lösung soll 2,5 %ig sein.
a) Wie viel ml Lösung erhält man?
b) Wie viel cm^3 Blondiercreme sind zuzumischen?

5. 30 ml Blondiergel werden mit 30 ml 6 %igem Wasserstoffperoxid sowie 40 ml Wasser und Shampoo zu einer 1,5 %igen Mischung angerührt.
a) Welche Lösungsmenge erhält man?
b) Wie viel ml Shampoo müssen zugesetzt werden?

6. Aus einem Rest von 180 ml 18 %igem H_2O_2 soll durch Zugabe von destilliertem Wasser eine 3 %ige Fixierlösung hergestellt werden.
Wie viel ml Wasser werden benötigt?

7. Wie viel ml einer 3 %igen Lösungsmenge können durch Mischen mit Wasser aus 155 ml 12 %igem H_2O_2 hergestellt werden?

8. Zur Desinfektion wird eine 5 %ige Desinfektionslösung gebraucht. Um sie herzustellen, werden 0,8 l einer 95 %igen Desinfektionslösung mit Wasser vermischt.
a) Wie viel fertige Desinfektionslösung erhält man?
b) Wie viel l bzw. ml Wasser müssen zugemischt werden?

9.3.3 Berechnen der Konzentratstärke (KS)

Beispiel 1:

125 ml eines Desinfektionsmittels sollen so mit Wasser vermischt werden, dass 2,5 l einer 5 %igen Desinfektionslösung entstehen.

Welche Konzentration hat das verwendete Desinfektionsmittel?

Lösung:

gegeben:	Konzentratmenge (KM)	= 125 ml
	Lösungsmenge (LM)	= 2,5 l = 2 500 ml
	Lösungsstärke (LS)	= 5 %
gesucht:	Konzentratstärke (KS)	= ? %

Zum Berechnen der Konzentratstärke wird die Grundformel entsprechend umgestellt.

$$\boxed{LS \cdot LM = KS \cdot KM}$$

↓ geteilt durch KM

$$\frac{LS \cdot LM}{KM} = \frac{KS \cdot \cancel{KM}}{\cancel{KM}}$$

↓ Seiten vertauscht

$$\boxed{\mathbf{KS} = \frac{LS \cdot LM}{KM}}$$

$$\rightarrow \mathbf{KS} = \frac{5 \cdot 2\,500}{125} = \underline{\underline{100\,\%}}$$

Ergebnis: Das Desinfektionsmittel hat eine Konzentration von 100 %.

Beispiel 2:

Ein 50 %iges Haarwasser soll hergestellt werden. Hierzu werden 45 ml verschiedene Öle und Duftstoffe mit 1 830 ml destilliertem Wasser und 3 125 ml Alkohol vermischt.

Wie viel % muss der zugemischte Alkohol haben?

Lösung:

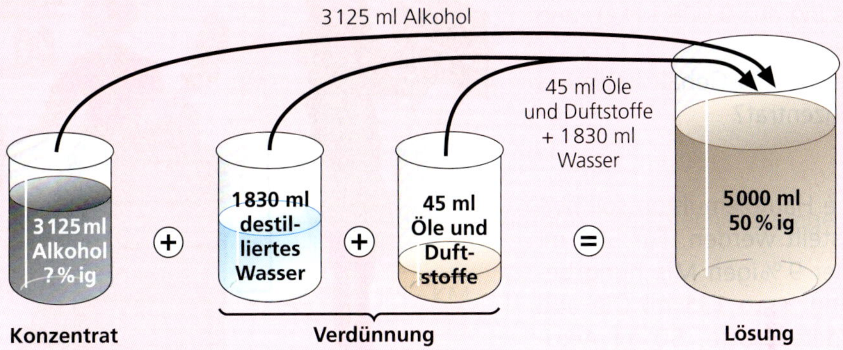

gegeben:	Konzentratmenge (KM)	= 3 125 ml
	Lösungsmenge (LM)	= 5 000 ml
	Lösungsstärke (LS)	= 50 %
gesucht:	Konzentratstärke (KS)	= ? %

$$\rightarrow \textbf{KS} = \frac{LS \cdot LM}{KM} = \frac{50 \cdot 5\,000}{3\,125} = \underline{\underline{80\,\%}}$$

Ergebnis: Der zugemischte Alkohol muss eine Konzentratstärke von 80 % haben.

Aufgaben

1. Berechnen Sie jeweils die Konzentratstärke.

	Lösungsmenge (LM)	Konzentratmenge (KM)	Lösungsstärke (LS)
a)	250 ml	50 ml	3 %
b)	1,5 l	1200 ml	6 %
c)	3 000 ml	2,75 l	40 %
d)	550 ml	0,45 l	70 %
e)	10 000 ml	0,5 l	1,5 %
f)	50 l	650 ml	1 %
g)	250 ml	0,23 l	90 %
h)	350 ml	0,05 l	9 %

Beispiel 2:

Für 180 ml einer 2 %igen Blondierwäsche werden gemischt:
30 ml Blondiercreme, 80 ml Wasser, 6 %iges H_2O_2 und 10 ml Shampoo.
Wie viel ml von dem 6 %igen H_2O_2 werden benötigt?

Lösung:

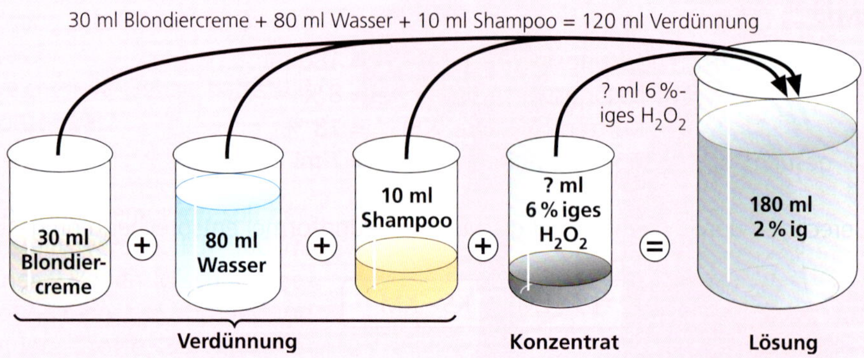

gegeben:	Lösungsmenge (LM)	= 180 ml
	Lösungsstärke (LS)	= 2 %
	Konzentratstärke (KS)	= 6 %
gesucht:	Konzentratmenge (KM)	= ? ml

$$\rightarrow \mathbf{KM} = \frac{LS \cdot LM}{KS} = \frac{2 \cdot 180}{6} = \underline{\underline{60\ ml}}$$

Ergebnis: Es werden 60 ml von dem 6 %igen H_2O_2 benötigt.

Aufgaben

1. Berechnen Sie jeweils die Konzentratmenge in ml und l.

	Lösungsmenge (LM)	Konzentratstärke (KS)	Lösungsstärke (LS)
a)	200 ml	18 %	9 %
b)	28 l	98 %	42 %
c)	1,75 l	70 %	2 %
d)	500 ml	30 %	6 %
e)	0,8 l	96 %	1 %
f)	300 ml	12 %	7 %
g)	75 ml	30 %	8 %
h)	0,475 l	95 %	70 %

2. Es werden 1,75 *l* einer 0,8 %igen Fixierlösung gebraucht.
Wie viel m*l* 18 %iges H_2O_2 werden benötigt?

3. Ein Friseur stellt nach einem überlieferten Rezept ein spezielles Kopfwasser her. Er benötigt 3,5 *l* Kopfwasser mit einem Alkoholgehalt von 40 %.
Welche Menge an 70 %igem Isopropanol muss er zumischen?

4. Zur Desinfektion werden 2 000 m*l* 4 %ige Desinfektionslösung benötigt.
Wie viel 90 %iges Desinfektionsmittel muss mit Wasser gemischt werden, um die richtige Desinfektionslösung zu erhalten?

5. Für eine Strähnchenaufhellung werden 240 m*l* eines 12 %igen fertigen Farbbreis benötigt.
Wie viel m*l* 18 %iges H_2O_2 müssen zugemischt werden?

6. In einem Salon werden 540 m*l* 7 %iges H_2O_2 gebraucht. Vorhanden sind aber nur
a) 18 %iges
b) 12 %iges H_2O_2.
Berechnen Sie die jeweilige Konzentratmenge der beiden Konzentrate, die benötigt wird, um 7%iges H_2O_2 herzustellen.

7. 95 %iges Ethanol soll mit destilliertem Wasser und verschiedenen Zusatzstoffen zu 1425 m*l* einer 70 %igen Desinfektionslösung gemischt werden.
Wie viel m*l* 95 %iges Ethanol werden gebraucht?

8. Unter Verwendung von Blondierpulver sollen für eine Blondierung 210 m*l* einer 6 %igen Blondiermasse zubereitet werden.
Wie viel m*l* 9 %iges H_2O_2 sind erforderlich?

Vermischte Aufgaben zum Mischungsrechnen

1. Zur Desinfektion sollen aus einer 18 %igen H_2O_2-Lösung durch Mischen mit destilliertem Wasser 2,4 *l* einer 3 %igen H_2O_2-Lösung hergestellt werden.
a) Berechnen Sie das Mischungsverhältnis.
b) Berechnen Sie die Teilmengen.

2. 95 %iger Alkohol soll im Verhältnis 1:7 mit destilliertem Wasser zu 12 *l* fertiger Lösung verdünnt werden.
a) Welche Teilmengen sind zu mischen?
b) Welchen Alkoholgehalt weist die Lösung auf? Runden Sie das Ergebnis auf ganze Zahlen.
c) Wie viel *l* 70 %iger Alkohol wären mit destilliertem Wasser zu mischen bei gleicher Lösungsmenge und Lösungsstärke.

3. Eine Fixierflüssigkeit kann 1:3 mit Wasser verdünnt werden. 5 000 m*l* des Konzentrates kosten 19,50 €.
a) Eine Friseurin mischt 2 *l* fertige Fixierlösung. Wie viel Konzentrat braucht sie, und wie teuer ist die Fixierlösung?
b) Die Friseurin hat 250 m*l* zu viel gemischt. Wie viel m*l* Konzentrat hat sie „vergeudet", und wie viel € hätte sie einsparen können?

4. Aus 18 %igem H_2O_2 und 3 %igem H_2O_2 sollen 150 m*l* 9 %iges H_2O_2 hergestellt werden.
a) In welchem Verhältnis ist zu mischen?
b) Berechnen Sie die erforderlichen Teilmengen.

5. Es sollen 180 m*l* 6 %ige H_2O_2-Lösung hergestellt werden aus
a) 18 %igem H_2O_2 durch Mischen mit destilliertem Wasser,
b) 12 %igem H_2O_2 durch Mischen mit 3 %igem H_2O_2.
Berechnen Sie das jeweilige Mischungsverhältnis und die Teilmengen.

6. Für eine 2 %ige Blondierwäsche werden gemischt:
- 30 m*l* Blondiercreme
- 0,055 *l* Wasser
- 20 m*l* H_2O_2
- 0,015 *l* Shampoo

a) Welche Konzentratstärke hat das zugemischte H_2O_2?
b) Wie viel m*l* 6 %iges H_2O_2 müssten bei gleicher Lösungsmenge zugemischt werden?
c) Wie wäre die Lösungsstärke bei 6 %igem (siehe b) Konzentrat, wenn versehentlich 550 m*l* Wasser bei sonst gleichen Mengen zugemischt würden?

7. Für eine Blondierung werden 50 ml Blondiergelee mit 30 cm^3 Verstärkerpulver und 160 ml 6 %igem H_2O_2 gemischt.
Wie stark ist die Lösung?

8. Es sollen 3,9 l Desinfektionslösung gemischt werden. Das 90 %ige Konzentrat wird mit Wasser im Verhältnis 4:48 gemischt.
a) Welche Menge an 90 %igem Konzentrat wird benötigt?
b) Wie stark ist die Desinfektionslösung? Runden Sie das Ergebnis auf ganze Zahlen.
c) Was kostet die Desinfektionslösung, wenn 500 ml Konzentrat 8,10 € kosten?

9. 50 ml Nagellackentferner setzen sich zusammen aus:
25 ml Azeton, 13,0 ml Amylazetat und 96 %igem Alkohol.
a) Berechnen Sie die Konzentratmenge.
b) Berechnen Sie die Lösungsstärke des Nagellackentferners. Runden Sie das Ergebnis auf ganze Zahlen.
c) Welche Menge 90 %igen Alkohols müssten 250 ml Nagellackentferner zugesetzt werden, um die gleiche Lösungsstärke (siehe b) zu erhalten?

10. Ein Rest von 570 ml 18 %igem H_2O_2 soll mit 6 %igem H_2O_2 so verdünnt werden, dass 9 %iges H_2O_2 hergestellt wird.
Berechnen Sie die Lösungsmenge.

11. 98 %iger Alkohol soll mit destilliertem Wasser so gemischt werden, dass man 1,75 l Alkohol einer 70 %igen Konzentration erhält.
a) Welche Menge 98 %igen Alkohols benötigt man?
b) Aus dieser 70 %igen Mischung sollen durch die Zugabe von destilliertem Wasser 280 ml 40 %iger Alkohol entstehen.
In welchem Verhältnis muss gemischt werden, und welche Teilmengen werden gebraucht?

10 Die Lohnabrechnung

Beispiel 1:

Die Friseurin Lisa Müller hat einen Stundenlohn von 9,20 €. Im letzten Monat kam sie auf 168 Arbeitsstunden. Zusätzlich leistete sie 15 Überstunden, die mit 25 % Zuschlag vergütet werden. Außerdem erhält sie von ihrem Chef jeden Monat 30,00 € für ihren vermögenswirksamen Sparvertrag. Lisa Müller hat Steuerklasse I, sie ist alleinstehend ohne Kind und 25 Jahre alt.

a) Wie hoch ist ihr Bruttolohn?

b) Wie hoch ist ihr Nettolohn?
Lösungshinweis: Die Höhe der Lohnsteuer, Kirchensteuer (8 % der Lohnsteuer), Krankenversicherung, Rentenversicherung, Arbeitslosenversicherung und Pflegeversicherung ist den Tabellen auf den Seiten 141, 149–151 zu entnehmen.

c) Wie hoch ist der ausbezahlte Lohn, wenn noch 35,00 € für vermögenswirksame Leistungen anfallen?

Lösung:

a)		168 · 9,20 €	1.545,60 €	← **Grundlohn**
	+	15 Überstunden = (15 · 9,20 €) + 25 %	172,50 €	+ ← **Zuschläge (in %)**
	+	Vermögenswirksame Leistungen des Arbeitgebers	30,00 €	+ ← **Zulagen (in €)**
	=	**Bruttolohn**	**1.748,10 €**	= ← **Bruttolohn**
b)	–	Lohnsteuer lt. Tabelle	152,50 €	–
	–	Solidaritätszuschlag lt. Tabelle	8,38 €	
	–	Kirchensteuer lt. Tabelle	12,20 €	
	–	Krankenversich. (Arbeitnehmeranteil 7,3 % + 0,9 %)	143,34 €	← **gesetzliche Abzüge**
	–	Rentenversicherung (Arbeitsnehmeranteil 9,45 %)	165,20 €	
	–	Arbeitslosenversicherung (Arbeitnehmeranteil 1,5 %)	26,22 €	
	–	Pflegeversicherung (Arbeitn.-anteil 1,025 % + 0,25 %)	22,29 €	
	=	**Nettolohn**	**1.217,97 €**	= ← **Nettolohn**
c)	–	Vermögenswirksame Leistungen	35,00 €	– ← **sonstige Abzüge**
	=	**Ausbezahlter Lohn**	**1.182,97 €**	= ← **ausbezahlter Lohn**

Erläuterungen:

Der **Bruttolohn** ist das vereinbarte Arbeitsentgelt einschließlich aller Zulagen und Zuschläge.

Der **Nettolohn** ergibt sich, wenn man den Bruttolohn um die gesetzlichen Abzüge vermindert.

Gesetzliche Abzüge

Vom Bruttoverdienst behält der Arbeitgeber die ***Lohnsteuer*** ein und führt sie an das Finanzamt ab. Die Grundlagen für den Lohnsteuerabzug sind die Lohnsteuertabelle (vgl. Seiten 149 und 150) und die Steueridentifikationsnummer. Unter Angabe des Geburtsdatums und der Steueridentifikationsnummer seines Arbeitnehmers kann der Arbeitgeber beim Bundeszentralamt für Steuern wichtige Daten elektronisch abrufen, die er zur Steuerberechnung benötigt, z.B. Steuerklasse und Kinderfreibeträge. Grundsätzlich gilt: Die Höhe der Lohnsteuer hängt ab vom Bruttolohn und von der Steuerklasse.

Durch die Einordnung in Lohnsteuerklassen sollen die unterschiedlichen persönlichen Verhältnisse berücksichtigt werden. In den einzelnen Steuerklassen ist die Steuerbelastung deshalb unterschiedlich hoch, obwohl die Höhe des Einkommens gleich ist. Man unterscheidet 6 Steuerklassen:

Steuerklasse I: ledige, geschiedene oder verwitwete Arbeitnehmer
Steuerklasse II: Arbeitnehmer wie in Steuerklasse I, bei denen der Entlastungsbetrag für Alleinerziehende zu berücksichtigen ist.
Steuerklasse III: verheiratete Arbeitnehmer, Alleinverdiener oder Hauptverdiener
Steuerklasse IV: Verheiratete, beide Ehegatten verdienen etwa gleich viel
Steuerklasse V: Verheiratete, Ehegatte hat Steuerklasse III
Steuerklasse VI: ab dem zweiten Arbeitsverhältnis

Die ***Kirchensteuer*** fällt an, wenn ein Arbeitnehmer der entsprechenden Kirche angehört. Die Höhe der Kirchensteuer wird von der Lohnsteuer berechnet. Der Prozentsatz beträgt 8 % in den Bundesländern Baden-Württemberg und Bayern, 9 % in den übrigen Ländern.

Seit 1995 wird ein ***Solidaritätszuschlag*** einbehalten. Der Solidaritätszuschlag beträgt 5,5 % der Lohnsteuer, bei niedrigem Einkommen sogar weniger. (Stand: 1.1.2014)

Vom Bruttolohn werden auch die ***Arbeitnehmeranteile zur Sozialversicherung*** abgezogen. Der Arbeitnehmer trägt jeweils die Hälfte der Beiträge für die Krankenversicherung, die Rentenversicherung, die Arbeitslosenversicherung und die Pflegeversicherung. Der Arbeitgeber übernimmt die andere Hälfte und führt die gesamten Beiträge an die Krankenkasse ab, die sie weiterleitet. Die einzelnen Sozialversicherungsbeiträge werden vom Bruttolohn berechnet.

Sozialversicherungsbeitragssätze (Stand: 1.1.2014)

	Gesamtbeitrag	Arbeitnehmeranteil
Krankenversicherung	15,5 %*	**7,3 % + 0,9 %****
Rentenversicherung	18,9 %	**9,45 %**
Arbeitslosenversicherung	3 %	**1,5%**
Pflegeversicherung	2,05 %	**1,025 % + 0,25 %*****

* Einschließlich dem Sonderbeitrag von 0,9%,den der Arbeitnehmer zusätzlich zu seinem Anteil zahlt.
** Der Arbeitnehmer zahlt zusätzlich zu seinem Anteil 0,9 %.
*** Kinderlose Arbeitnehmer über 23 Jahren zahlen zusätzlich zu ihrem Anteil 0,25 %.

Abgaben auf sogenannte **Minijobs** (bis 450 €) erhält die Bundesknappschaft. Auf diese Einkommen zahlt der Arbeitgeber pauschal 30 % Abgaben und zwar 15 % Rentenversicherungsbeitrag, 13 % Krankenkassenbeitrag und 2 % Pauschalsteuer. Der Arbeitnehmer zahlt keine Steuer. In der Rentenversicherung muss er nur 3,9% übernehmen, nämlich die Differenz zwischen den 15 % Pauschalbeitrag des Arbeitgebers und dem gültigen Beitragssatz. Ein besondere Regelung gilt für **Niedriglohnjobs** (s. S. 146 f.). Die Sonderregelungen über Niedriglohnjobs gelten allerdings nicht für Auszubildende.

Den **ausbezahlten Lohn** erhält man, wenn der Nettolohn um die sonstigen Abzüge vermindert wird.

Sonstige Abzüge können z. B. sein: Mietzahlungen für Betriebswohnungen, Kost, Lohnpfändungen, Personaleinkauf oder Beiträge für vermögenswirksame Sparverträge.

Vermögensbildung kann z. B. durch einen Kontosparvertrag, einen Bausparvertrag, einen Wertpapiersparvertrag oder durch eine Lebensversicherung erfolgen. In vielen Arbeitsverträgen oder Tarifverträgen ist vereinbart, dass der Arbeitgeber einen Teil dieser Beiträge übernimmt. Beachten Sie: Vermögenswirksame Leistungen des Arbeitgebers *erhöhen den Bruttolohn*. Sie sind deshalb *steuer- und sozialversicherungspflichtig*.

Beachten Sie:

Bruttolohn – Lohnsteuer, Kirchensteuer, Solidaritätszuschlag | Sozialversicherungsbeiträge

=

Nettolohn – sonstige Abzüge

=

ausbezahlter Lohn

Aufgaben

1. Der Bruttolohn von Manuela beträgt 1.498,00 €. Die gesamten Abzüge belaufen sich auf 27 %.
Berechnen Sie, welchen Nettolohn Manuela erhält.

2. Eine Friseurin erhält einen Bruttolohn von 1.460,00 €.
Ermitteln Sie den Nettolohn, und berücksichtigen Sie dabei folgende Abzüge:
- 6,4 % Steuern (Lohnsteuer, Kirchensteuer, Solidaritätszuschlag)
- 20,425 % Arbeitnehmeranteil zur Sozialversicherung

3. Der monatliche Bruttolohn eines Friseurs beträgt 1.525,00 €. Folgende Abzüge sind zu berücksichtigen: Lohnsteuer 100,00 €, Kirchensteuer 7,94 €, Solidaritätszuschlag 3,51 €, Arbeitnehmeranteil zur Sozialversicherung 307,67 €.

a) Wie hoch ist der Nettolohn?

b) Wie hoch ist der ausbezahlte Lohn, wenn noch 35,00 € für vermögenswirksame Leistungen und 90,00 € für eine gerichtlich angeordnete Lohnpfändung zu berücksichtigen sind?

4. Verwenden Sie die Sozialversicherungsbeitragssätze von Seite 141 und geben Sie an, wie hoch die Monatsbeiträge für die einzelnen Versicherungen sind:

a) Monatslohn 2.150,00 € eines 25 Jahre alten Friseurs, der zwei Kinder hat

b) Monatslohn 1.248,25 € einer ledigen Teilzeitkraft, die 19 Jahre alt ist

c) Monatslohn 1.636,20 € einer 24-jährigen Verkäuferin, die kein Kind hat

5. Ermitteln Sie die anfallende Lohnsteuer , den Solidaritätszuschlag und die Kirchensteuer anhand der Lohnsteuertabellen auf den Seiten 149 und 150.

	Monatsverdienst	Steuerklasse	Kinderfreibeträge	Kirchensteuer
a)	983,00 €	I	–	8 %
b)	1.678,00 €	II	1,0	9 %
c)	1.560,00 €	IV	1,5	8 %

6. Ein 28 Jahre alter verheirateter und kinderloser Friseurmeister (Steuerklasse IV) erhält einen Bruttolohn von 1.970,00 €. Die Kirchensteuer beträgt 8 % der Lohnsteuer. Ermitteln Sie den Nettolohn mithilfe der Sozialversicherungstabelle und der Steuertabelle auf den Seiten 141, 149 und 150.

7. Im Salon Glatzke verdient eine verheiratete Teilzeitkraft brutto 1.150,00 €. Für die Krankenversicherung werden 8,2 % einbehalten, für die Rentenversicherung 9,45 %, für die Arbeitslosenversicherung 1,5 % und für die Pflegeversicherung 1,025 %. Der Lohnsteuerabzug in Klasse V beläuft sich auf 135,91 €, die Kirchensteuer beträgt 8 % der zu zahlenden Lohnsteuer, der Solidaritätszuschlag macht 5,5 % der Lohnsteuer aus.

a) Berechnen Sie den Nettolohn.

b) Ermitteln Sie, wie viel % des Bruttogehaltes auf die Abzüge entfallen.

8. Eine 20 Jahre alte Kollegin erhält brutto 1.798,00 €. Der Lohnsteuerabzug in Klasse I beläuft sich auf 164,33 €. Die Kirchensteuer beträgt 9 % der Lohnsteuer, der Solidaritätszuschlag macht 5,5 %.

a) Berechnen Sie den Nettolohn mithilfe der Tabellen auf den Seiten 141, 149 und 150.

b) Welchen Betrag erhält sie ausbezahlt, wenn 35 € vermögenswirksame Leistungen vom Nettolohn abgezogen werden?

9. Eine Filialleiterin verdient brutto 2.280,00 €. Für die Krankenversicherungen werden 8,2 % Arbeitnehmeranteil abgezogen, für die Rentenversicherung 9,45 % Arbeitnehmeranteil, für die Arbeitslosenversicherung 1,5 % Arbeitnehmeranteil und für die Pflegeversicherung 1,275 % Arbeitnehmeranteil.

a) Berechnen Sie den Nettolohn unter Anwendung der Lohnsteuertabelle. (Steuerklasse I, keine Kinderfreibeträge, 9 % Kirchensteuer).

b) Wie hoch ist der ausgezahlte Betrag, wenn für eine Betriebswohnung 399,60 € abgezogen werden?

10. Das Bruttogehalt einer Teilzeitkraft beträgt 1.289,00 €. Für die Krankenversicherung werden 8,2 %, für die Arbeitslosenversicherung 1,5 %, für die Rentenversicherung 9,45 % und für die Pflegeversicherung 1,275 % einbehalten. Die Lohnsteuer beläuft sich auf 49,25 €, die Kirchensteuer macht 8 % der zu zahlenden Lohnsteuer aus. Wegen der niedrigen Einkommenshöhe fällt kein Solidaritätszuschlag an.

a) Berechnen Sie die Kirchensteuer.

b) Ermitteln Sie die Summe der Abzüge.

c) Berechnen Sie das Nettogehalt.

d) Wie viel % des Bruttogehaltes betragen die Abzüge?

11. Frau Huber hat ein monatliches Bruttoeinkommen von 1.571,00 €.
Wie hoch ist ihr Nettolohn, wenn sie nach Steuerklasse IV besteuert wird und auf ihrer Lohnsteuerkarte 1,5 Kinderfreibeträge eingetragen sind? (Vgl. Tabellen auf den Seiten 141, 149 und 150). Frau Huber bezahlt keine Kirchensteuer.

12. Martina Weller, 27 Jahre alt, arbeitet im Salon Hudelmeier.
Überprüfen Sie, ob Meister Hudelmeier bei der abgebildeten Lohnabrechnung ein Fehler unterlaufen ist. Verwenden Sie hierzu die Tabellen auf den Seiten 141, 149 und 150.

Name: Martina Weller   Lohnsteuerklasse: IV/0

Monat	Lohn/ Gehalt 160 Std. zu je 8,80 €	Überstunden Std. zu je €	Zuschläge	VWL	Bruttoverdienst	Abzüge: Steuern LSt	KiSt 8 %	SolZ	Sozialversicherung KV	RV	AV	PV	Nettoverdienst	VWL	sonst. Abzüge	ausbez. Betrag
Mai	1408,00			28,00	1436,00	240,91	19,27	13,25	117,75	135,70	21,54	18,31	869,27	35,00		834,27

13. Uli bezieht einen Bruttolohn von 1.410,00 €.

a) Wie hoch ist sein neuer Bruttolohn, wenn eine 4 %ige Lohnerhöhung vorgenommen wird?

b) Ermitteln Sie, welchen neuen Nettolohn Uli bezieht, wenn folgende Abzüge anfallen: 86,16 € Lohnsteuer, Kirchensteuer 9 % der Lohnsteuer, Solidaritätszuschlag 1,03 €, Sozialversicherungsbeiträge 20,175%.

14. Eine Friseurin bekommt einen Stundenlohn von 8,90 €. Im letzten Monat kam sie auf 163 Stunden. Außerdem leistete sie 16 Überstunden, für die 25 % Zuschlag gezahlt wurden. Als Anerkennung für gute Arbeitsleistungen beteiligt sich ihr Chef mit 15,00 € an den vermögenswirksamen Leistungen. Die 26 Jahre alte Arbeitnehmerin ist in Steuerklasse I und hat keine Kinder. Die Kirchensteuer beträgt 8 % der Lohnsteuer.

a) Ermitteln Sie den Bruttolohn.

b) Berechnen Sie den Nettolohn. Verwenden Sie dabei die Tabellen auf den Seiten 141, 149 und 150.

c) Wie hoch ist der ausbezahlte Lohn, wenn vermögenswirksame Leistungen in Höhe von 35,00 € anfallen?

15. Damit sie durch einen niedrigen Nettolohn nicht unangenehm überrascht wird, verlangt Frau Fuchs bei einem Einstellungsgespräch „netto 1.100,00 €".
Berechnen Sie, welchen Bruttolohn der Friseurmeister zahlen muss, wenn die Abzüge ca. 31 % betragen.

16. Martin verdient netto 1.200,01 € im Monat. Die Abzüge betragen: Lohn- und Kirchensteuer sowie Solidaritätszuschlag rund 9,9 % sowie 20,425 % für die Sozialversicherung.
Ermitteln Sie das Bruttogehalt.

17. Eine Kollegin verdient monatlich 1.408,00 € brutto. Zusätzlich ist sie an dem Umsatz, den sie erzielt, beteiligt, und zwar: mit 3 % am Umsatz von Warenverkäufen, mit 2,5 % am Umsatz von Dienstleistungen. Im letzten Monat erzielte sie diese Umsätze:

– Warenverkäufe 735,00 €
– Dienstleistungen 5.640,00 €

a) Wie hoch ist ihr Bruttolohn?

b) Berechnen Sie den Nettolohn mithilfe der Tabellen auf den Seiten 141, 149 und 150. Die Kirchensteuer beträgt 9 %. Die Kollegin hat Steuerklasse I, ist 29 Jahre alt und hat keine Kinder

3. Die 25-jährige Diana Möller ist ledig, hat keine Kinder und bezieht einen Niedriglohn von 680 €.
a) Wie hoch ist der Arbeitgeberanteil zur Sozialversicherung?
b) Ermitteln Sie den Arbeitnehmeranteil zur Sozialversicherung.

4. Herr Kraus, 29 Jahre alt, arbeitet Teilzeit für 820 € monatlich. In Steuerklasse V, ohne Kinderfreibetrag bezahlt er 83,00 € Lohnsteuer sowie 0,40 € Solidaritätszuschlag und 6,64 € Kirchensteuer.
Ermitteln Sie den Nettolohn mithilfe der Gleitzonentabelle auf Seite 151.

5. Frau Noll, 35 Jahre alt, arbeitet als Aushilfe für 660 € monatlich. Sie hat Steuerklasse II, einen Sohn und bezahlt 9 % Kirchensteuer.
Ermitteln Sie den Nettolohn mithilfe der Gleitzonentabelle auf Seite 151 sowie den Lohnsteuertabellen auf den Seiten 149 und 150.

6. Die 20-jährige Bettina Berger ist ledig und arbeitet für 760 € als Halbtagskraft im Salon Wolf.
a) Wie hoch ist der Arbeitgeberanteil zur Sozialversicherung?
b) Ermitteln Sie den Arbeitnehmeranteil zur Sozialversicherung.
c) Welchen Nettolohn erhält Bettina, wenn Sie nach Steuerklasse I besteuert wird und keiner Religionsgemeinschaft angehört?

7. Der 28-jährige Erwin Lindemann ist ledig, hat keine Kinder und arbeitet für 780 € als Aushilfe in einem Friseursalon.
a) Wie hoch ist der Arbeitgeberanteil zur Sozialversicherung?
b) Ermitteln Sie den Arbeitnehmeranteil zur Sozialversicherung.
c) Welchen Nettolohn erhält Erwin? (Steuerklasse I, Kirchensteuer 8 %)
d) Welchen ausbezahlten Lohn erhält er, wenn für einen vermögenswirksamen Sparvertrag 35 € zu berücksichtigen sind und wenn ihm sein Arbeitgeber für Kost 28 € in Rechnung stellt?

Auszüge aus einer Monatslohnsteuertabelle

Monat (Euro)

Lohn/ Gehalt bis	Steuerklasse	Lohnsteuer	ohne Kinderfreibeträge SolZ 5,5 %	Kirchensteuer 8 %	Kirchensteuer 9 %
470,99	V	**42,41**	0,00	3,39	3,81
	VI	**54,50**	0,00	4,36	4,90
473,99	V	**42,75**	0,00	3,42	3,84
	VI	**54,83**	0,00	4,38	4,93
476,99	V	**43,08**	0,00	3,44	3,87
	VI	**55,16**	0,00	4,41	4,96
479,99	V	**43,41**	0,00	3,47	3,90
	VI	**55,50**	0,00	4,44	4,99
575,99	V	**54,58**	0,00	4,36	4,91
	VI	**66,66**	0,00	5,33	5,99
578,99	V	**54,91**	0,00	4,39	4,94
	VI	**67,00**	0,00	5,36	6,03
581,99	V	**55,25**	0,00	4,42	4,97
	VI	**67,33**	0,00	5,38	6,05
584,99	V	**55,58**	0,00	4,44	5,00
	VI	**67,66**	0,00	5,41	6,08
656,99	V	**63,91**	0,00	5,11	5,75
	VI	**76,00**	0,00	6,08	6,84
659,99	V	**64,25**	0,00	5,14	5,78
	VI	**76,33**	0,00	6,10	6,86
662,99	V	**64,66**	0,00	5,17	5,81
	VI	**76,75**	0,00	6,14	6,90
665,99	V	**65,00**	0,00	5,20	5,85
	VI	**77,08**	0,00	6,16	6,93
668,99	V	**65,33**	0,00	5,22	5,87
	VI	**77,41**	0,00	6,19	6,96
671,99	V	**65,66**	0,00	5,25	5,90
	VI	**77,75**	0,00	6,22	6,99
674,99	V	**66,00**	0,00	5,28	5,94
	VI	**78,08**	0,00	6,24	7,02
677,99	V	**66,33**	0,00	5,30	5,96
	VI	**78,41**	0,00	6,27	7,05
680,99	V	**66,66**	0,00	5,33	5,99
	VI	**78,75**	0,00	6,30	7,08
683,99	V	**67,08**	0,00	5,36	6,03
	VI	**79,16**	0,00	6,33	7,12
758,99	V	**75,75**	0,00	6,06	6,81
	VI	**87,83**	1,36	7,02	7,90
761,99	V	**76,08**	0,00	6,08	6,84
	VI	**88,16**	1,43	7,05	7,93

Lohn/ Gehalt bis	Steuerklasse	Lohnsteuer	ohne Kinderfreibeträge SolZ 5,5%	Kirchensteuer 8%	Kirchensteuer 9%	mit 0,5 Kinderfreibetrag SolZ 5,5%	Kirchensteuer 8%	Kirchensteuer 9%	mit 1,0 Kinderfreibetrag SolZ 5,5%	Kirchensteuer 8%	Kirchensteuer 9%	mit 1,5 Kinderfreibeträgen SolZ 5,5%	Kirchensteuer 8%	Kirchensteuer 9%
776,99	V	**77,83**	0,00	6,22	7,00									
	VI	**89,91**	1,78	7,19	8,09									
779,99	V	**78,16**	0,00	6,25	7,03									
	VI	**90,25**	1,85	7,22	8,12									
782,99	V	**78,50**	0,00	6,28	7,06									
	VI	**90,58**	1,91	7,24	8,15									
785,99	V	**78,83**	0,00	6,30	7,09									
	VI	**91,00**	2,00	7,28	8,19									
983,99	I	**4,41**	0,00	0,35	0,39									
	II	**0,00**	0,00	0,00	0,00									
	III	**0,00**	0,00	0,00	0,00									
	IV	**4,41**	0,00	0,35	0,39									
	V	**101,83**	4,16	8,14	9,16									
	VI	**113,83**	6,26	9,10	10,24									
1106,99	I	**20,66**	0,00	1,65	1,85	0,00	0,00	0,00						
	II	**3,33**	0,00	0,26	0,29	0,00	0,00	0,00						
	III	**0,00**	0,00	0,00	0,00	0,00	0,00	0,00						
	IV	**20,66**	0,00	1,65	1,85	0,00	0,00	0,00						
	V	**120,33**	6,61	9,62	10,82									
	VI	**156,58**	8,61	12,52	14,09									
1109,99	I	**21,08**	0,00	1,68	1,89	0,00	0,00	0,00						
	II	**3,75**	0,00	0,30	0,33	0,00	0,00	0,00						
	III	**0,00**	0,00	0,00	0,00	0,00	0,00	0,00						
	IV	**21,08**	0,00	1,68	1,89	0,00	0,00	0,00						
	V	**121,33**	6,67	9,70	10,91									
	VI	**157,58**	8,66	12,60	14,18									
1388,99	I	**68,75**	0,00	5,50	6,18	0,00	0,98	1,10	0,00	0,00	0,00	0,00	0,00	0,00
	II	**45,33**	0,00	3,62	4,07	0,00	0,00	0,00	0,00	0,00	0,00	0,00	0,00	0,00
	III	**0,00**	0,00	0,00	0,00	0,00	0,00	0,00	0,00	0,00	0,00	0,00	0,00	0,00
	IV	**68,75**	0,00	5,50	6,18	0,00	3,04	3,42	0,00	0,98	1,10	0,00	0,00	0,00
	V	**221,75**	12,19	17,74	19,95									
	VI	**258,00**	14,19	20,64	23,22									
1391,99	I	**69,41**	0,00	5,55	6,24	0,00	1,02	1,14	0,00	0,00	0,00	0,00	0,00	0,00
	II	**46,00**	0,00	3,68	4,14	0,00	0,00	0,00	0,00	0,00	0,00	0,00	0,00	0,00
	III	**0,00**	0,00	0,00	0,00	0,00	0,00	0,00	0,00	0,00	0,00	0,00	0,00	0,00
	IV	**69,41**	0,00	5,55	6,24	0,00	3,08	3,47	0,00	1,02	1,14	0,00	0,00	0,00
	V	**223,00**	12,26	17,84	20,07									
	VI	**259,25**	14,25	20,74	23,33									

Beachten Sie:

Hinweis zur Nutzung der Lohnsteuertabelle:
Im Kopf der Tabelle steht „Lohn/Gehalt bis"...; entsprechend muss immer der Tabellenwert gewählt werden, in dem der gesuchte Bruttolohn gerade noch enthalten ist. Beispiel: Gesucht sind die Abzüge für den Bruttolohn 1.645,70 €
→ Zur Auswahl stehen die Tabellenwerte 1.643,99 € und 1.646,99 €.
→ Gewährt werden muss 1.646,99 €.

Auszüge aus einer Monatslohnsteuertabelle

Monat (Euro)

Lohn/Gehalt bis	Steuerklasse	Lohnsteuer	ohne Kinderfreibetrag			mit 0,5 Kinderfreibetrag			mit 1,0 Kinderfreibetrag			mit 1,5 Kinderfreibeträgen			mit 2,0 Kinderfreibeträgen			mit 2,5 Kinderfreibeträgen			mit 3,0 Kinderfreibeträgen		
			SolZ 5,5 %	Kirchensteuer 8 %	Kirchensteuer 9 %	SolZ 5,5 %	Kirchensteuer 8 %	Kirchensteuer 9 %	SolZ 5,5 %	Kirchensteuer 8 %	Kirchensteuer 9 %	SolZ 5,5 %	Kirchensteuer 8 %	Kirchensteuer 9 %	SolZ 5,5 %	Kirchensteuer 8 %	Kirchensteuer 9 %	SolZ 5,5 %	Kirchensteuer 8 %	Kirchensteuer 9 %	SolZ 5,5 %	Kirchensteuer 8 %	Kirchensteuer 9 %
1433,99	I	**78,75**	0,00	6,30	7,08	0,00	1,54	1,73	0,00	0,00	0,00	0,00	0,00	0,00	0,00	0,00	0,00	0,00	0,00	0,00	0,00	0,00	0,00
	II	**54,16**	0,00	4,33	4,87	0,00	0,18	0,20	0,00	0,00	0,00	0,00	0,00	0,00	0,00	0,00	0,00	0,00	0,00	0,00	0,00	0,00	0,00
	III	**0,00**	0,00	0,00	0,00	0,00	0,00	0,00	0,00	0,00	0,00	0,00	0,00	0,00	0,00	0,00	0,00	0,00	0,00	0,00	0,00	0,00	0,00
	IV	**78,75**	0,00	6,30	7,08	0,00	3,72	4,18	0,00	1,54	1,73	0,00	0,00	0,00	0,00	0,00	0,00	0,00	0,00	0,00	0,00	0,00	0,00
	V	**239,66**	13,18	19,17	21,56																		
	VI	**275,91**	15,17	22,07	24,83																		
1436,99	I	**79,41**	0,00	6,35	7,14	0,00	1,58	1,78	0,00	0,00	0,00	0,00	0,00	0,00	0,00	0,00	0,00	0,00	0,00	0,00	0,00	0,00	0,00
	II	**54,83**	0,00	4,38	4,93	0,00	0,21	0,23	0,00	0,00	0,00	0,00	0,00	0,00	0,00	0,00	0,00	0,00	0,00	0,00	0,00	0,00	0,00
	III	**0,00**	0,00	0,00	0,00	0,00	0,00	0,00	0,00	0,00	0,00	0,00	0,00	0,00	0,00	0,00	0,00	0,00	0,00	0,00	0,00	0,00	0,00
	IV	**79,41**	0,00	6,35	7,14	0,00	3,76	4,23	0,00	1,58	1,78	0,00	0,00	0,00	0,00	0,00	0,00	0,00	0,00	0,00	0,00	0,00	0,00
	V	**240,91**	13,25	19,27	21,68																		
	VI	**277,16**	15,24	22,17	24,94																		
1559,99	I	**107,66**	5,33	8,61	9,68	0,00	3,29	3,70	0,00	0,00	0,00	0,00	0,00	0,00	0,00	0,00	0,00	0,00	0,00	0,00	0,00	0,00	0,00
	II	**81,16**	0,03	6,49	7,30	0,00	1,68	1,89	0,00	0,00	0,00	0,00	0,00	0,00	0,00	0,00	0,00	0,00	0,00	0,00	0,00	0,00	0,00
	III	**0,00**	0,00	0,00	0,00	0,00	0,00	0,00	0,00	0,00	0,00	0,00	0,00	0,00	0,00	0,00	0,00	0,00	0,00	0,00	0,00	0,00	0,00
	IV	**107,66**	5,33	8,61	9,68	0,00	5,80	6,52	0,00	3,29	3,70	0,00	1,19	1,34	0,00	0,00	0,00	0,00	0,00	0,00	0,00	0,00	0,00
	V	**289,83**	15,94	23,18	26,08																		
	VI	**326,08**	17,93	26,08	29,34																		
1562,99	I	**108,33**	5,46	8,66	9,74	0,00	3,34	3,75	0,00	0,00	0,00	0,00	0,00	0,00	0,00	0,00	0,00	0,00	0,00	0,00	0,00	0,00	0,00
	II	**81,83**	0,16	6,54	7,36	0,00	1,72	1,94	0,00	0,00	0,00	0,00	0,00	0,00	0,00	0,00	0,00	0,00	0,00	0,00	0,00	0,00	0,00
	III	**0,00**	0,00	0,00	0,00	0,00	0,00	0,00	0,00	0,00	0,00	0,00	0,00	0,00	0,00	0,00	0,00	0,00	0,00	0,00	0,00	0,00	0,00
	IV	**108,33**	5,46	8,66	9,74	0,00	5,84	6,57	0,00	3,34	3,75	0,00	1,22	1,37	0,00	0,00	0,00	0,00	0,00	0,00	0,00	0,00	0,00
	V	**291,00**	16,00	23,28	26,19																		
	VI	**327,25**	17,99	26,18	29,45																		
1571,99	I	**110,41**	5,88	8,83	9,93	0,00	3,47	3,90	0,00	0,00	0,00	0,00	0,00	0,00	0,00	0,00	0,00	0,00	0,00	0,00	0,00	0,00	0,00
	II	**83,91**	0,58	6,71	7,55	0,00	1,84	2,07	0,00	0,00	0,00	0,00	0,00	0,00	0,00	0,00	0,00	0,00	0,00	0,00	0,00	0,00	0,00
	III	**0,00**	0,00	0,00	0,00	0,00	0,00	0,00	0,00	0,00	0,00	0,00	0,00	0,00	0,00	0,00	0,00	0,00	0,00	0,00	0,00	0,00	0,00
	IV	**110,41**	5,88	8,83	9,93	0,00	6,00	6,75	0,00	3,47	3,90	0,00	1,34	1,50	0,00	0,00	0,00	0,00	0,00	0,00	0,00	0,00	0,00
	V	**294,58**	16,20	23,56	26,51																		
	VI	**330,83**	18,19	26,46	29,77																		
1598,99	I	**116,75**	6,42	9,34	10,50	0,00	3,88	4,37	0,00	0,00	0,00	0,00	0,00	0,00	0,00	0,00	0,00	0,00	0,00	0,00	0,00	0,00	0,00
	II	**90,08**	1,81	7,20	8,10	0,00	2,20	2,48	0,00	0,00	0,00	0,00	0,00	0,00	0,00	0,00	0,00	0,00	0,00	0,00	0,00	0,00	0,00
	III	**0,00**	0,00	0,00	0,00	0,00	0,00	0,00	0,00	0,00	0,00	0,00	0,00	0,00	0,00	0,00	0,00	0,00	0,00	0,00	0,00	0,00	0,00
	IV	**116,75**	6,42	9,34	10,50	0,03	6,49	7,30	0,00	3,88	4,37	0,00	1,68	1,89	0,00	0,00	0,00	0,00	0,00	0,00	0,00	0,00	0,00
	V	**305,33**	16,79	24,42	27,47																		
	VI	**340,33**	18,71	27,22	30,62																		
1643,99	I	**127,33**	7,00	10,18	11,45	0,00	4,60	5,18	0,00	0,36	0,41	0,00	0,00	0,00	0,00	0,00	0,00	0,00	0,00	0,00	0,00	0,00	0,00
	II	**100,41**	3,88	8,03	9,03	0,00	2,84	3,19	0,00	0,00	0,00	0,00	0,00	0,00	0,00	0,00	0,00	0,00	0,00	0,00	0,00	0,00	0,00
	III	**0,00**	0,00	0,00	0,00	0,00	0,00	0,00	0,00	0,00	0,00	0,00	0,00	0,00	0,00	0,00	0,00	0,00	0,00	0,00	0,00	0,00	0,00
	IV	**127,33**	7,00	10,18	11,45	2,08	7,31	8,22	0,00	4,60	5,18	0,00	2,28	2,57	0,00	0,36	0,41	0,00	0,00	0,00	0,00	0,00	0,00
	V	**323,25**	17,77	25,86	29,09																		
	VI	**355,50**	19,55	28,44	31,99																		
1646,99	I	**128,08**	7,04	10,24	11,52	0,00	4,66	5,24	0,00	0,40	0,45	0,00	0,00	0,00	0,00	0,00	0,00	0,00	0,00	0,00	0,00	0,00	0,00
	II	**101,08**	4,01	8,08	9,09	0,00	2,88	3,24	0,00	0,00	0,00	0,00	0,00	0,00	0,00	0,00	0,00	0,00	0,00	0,00	0,00	0,00	0,00
	III	**0,00**	0,00	0,00	0,00	0,00	0,00	0,00	0,00	0,00	0,00	0,00	0,00	0,00	0,00	0,00	0,00	0,00	0,00	0,00	0,00	0,00	0,00
	IV	**128,08**	7,04	10,24	11,52	2,21	7,36	8,28	0,00	4,66	5,24	0,00	2,32	2,61	0,00	0,40	0,45	0,00	0,00	0,00	0,00	0,00	0,00
	V	**324,41**	17,84	25,95	29,19																		
	VI	**356,50**	19,60	28,52	32,08																		
1679,99	I	**135,91**	7,47	10,87	12,23	0,00	5,20	5,85	0,00	0,78	0,87	0,00	0,00	0,00	0,00	0,00	0,00	0,00	0,00	0,00	0,00	0,00	0,00
	II	**108,75**	5,55	8,70	9,78	0,00	3,36	3,78	0,00	0,00	0,00	0,00	0,00	0,00	0,00	0,00	0,00	0,00	0,00	0,00	0,00	0,00	0,00
	III	**0,00**	0,00	0,00	0,00	0,00	0,00	0,00	0,00	0,00	0,00	0,00	0,00	0,00	0,00	0,00	0,00	0,00	0,00	0,00	0,00	0,00	0,00
	IV	**135,91**	7,47	10,87	12,23	3,75	7,98	8,97	0,00	5,20	5,85	0,00	2,79	3,14	0,00	0,78	0,87	0,00	0,00	0,00	0,00	0,00	0,00
	V	**337,00**	18,53	26,96	30,33																		
	VI	**367,33**	20,20	29,38	33,05																		
1748,99	I	**152,50**	8,38	12,20	13,72	0,00	6,42	7,22	0,00	1,63	1,83	0,00	0,00	0,00	0,00	0,00	0,00	0,00	0,00	0,00	0,00	0,00	0,00
	II	**125,00**	6,87	10,00	11,25	0,00	4,44	5,00	0,00	0,25	0,28	0,00	0,00	0,00	0,00	0,00	0,00	0,00	0,00	0,00	0,00	0,00	0,00
	III	**0,00**	0,00	0,00	0,00	0,00	0,00	0,00	0,00	0,00	0,00	0,00	0,00	0,00	0,00	0,00	0,00	0,00	0,00	0,00	0,00	0,00	0,00
	IV	**152,50**	8,38	12,20	13,72	6,36	9,26	10,41	0,00	6,42	7,22	0,00	3,82	4,30	0,00	1,63	1,83	0,00	0,00	0,00	0,00	0,00	0,00
	V	**360,00**	19,80	28,80	32,40																		
	VI	**389,83**	21,44	31,18	35,08																		
1919,99	I	**191,16**	10,51	15,29	17,20	6,40	9,32	10,48	0,00	3,87	4,35	0,00	0,00	0,00	0,00	0,00	0,00	0,00	0,00	0,00	0,00	0,00	0,00
	II	**162,75**	8,95	13,02	14,64	1,76	7,18	8,08	0,00	2,19	2,46	0,00	0,00	0,00	0,00	0,00	0,00	0,00	0,00	0,00	0,00	0,00	0,00
	III	**15,83**	0,00	1,26	1,42	0,00	0,00	0,00	0,00	0,00	0,00	0,00	0,00	0,00	0,00	0,00	0,00	0,00	0,00	0,00	0,00	0,00	0,00
	IV	**191,16**	10,51	15,29	17,20	8,42	12,26	13,79	6,40	9,32	10,48	0,00	6,47	7,28	0,00	3,87	4,35	0,00	1,67	1,88	0,00	0,00	0,00
	V	**411,66**	22,64	32,93	37,04																		
	VI	**442,16**	24,31	35,37	39,79																		
1922,99	I	**191,83**	10,55	15,34	17,26	6,44	9,37	10,54	0,00	3,91	4,40	0,00	0,00	0,00	0,00	0,00	0,00	0,00	0,00	0,00	0,00	0,00	0,00
	II	**163,41**	8,98	13,07	14,70	1,88	7,23	8,13	0,00	2,22	2,50	0,00	0,00	0,00	0,00	0,00	0,00	0,00	0,00	0,00	0,00	0,00	0,00
	III	**16,33**	0,00	1,30	1,46	0,00	0,00	0,00	0,00	0,00	0,00	0,00	0,00	0,00	0,00	0,00	0,00	0,00	0,00	0,00	0,00	0,00	0,00
	IV	**191,83**	10,55	15,34	17,26	8,46	12,31	13,85	6,44	9,37	10,54	0,10	6,52	7,33	0,00	3,91	4,40	0,00	1,70	1,91	0,00	0,00	0,00
	V	**412,50**	22,68	33,00	37,12																		
	VI	**443,00**	24,36	35,44	39,87																		
1970,99	I	**202,75**	11,15	16,22	18,24	7,00	10,19	11,46	0,00	4,61	5,18	0,00	0,36	0,41	0,00	0,00	0,00	0,00	0,00	0,00	0,00	0,00	0,00
	II	**174,08**	9,57	13,92	15,66	3,88	8,03	9,03	0,00	2,84	3,19	0,00	0,00	0,00	0,00	0,00	0,00	0,00	0,00	0,00	0,00	0,00	0,00
	III	**22,50**	0,00	1,80	2,02	0,00	0,00	0,00	0,00	0,00	0,00	0,00	0,00	0,00	0,00	0,00	0,00	0,00	0,00	0,00	0,00	0,00	0,00
	IV	**202,75**	11,15	16,22	18,24	9,04	13,16	14,80	7,00	10,19	11,46	2,08	7,31	8,22	0,00	4,61	5,18	0,00	2,28	2,57	0,00	0,36	0,41
	V	**427,00**	23,48	34,16	38,43																		
	VI	**458,00**	25,19	36,64	41,22																		
2279,99	I	**275,25**	15,13	22,02	24,77	10,75	15,64	17,60	6,63	9,65	10,85	0,00	4,15	4,67	0,00	0,05	0,05	0,00	0,00	0,00	0,00	0,00	0,00
	II	**245,00**	13,47	19,60	22,05	9,18	13,36	15,03	2,58	7,51	8,45	0,00	2,43	2,73	0,00	0,00	0,00	0,00	0,00	0,00	0,00	0,00	0,00
	III	**71,00**	0,00	5,68	6,39	0,00	1,64	1,84	0,00	0,00	0,00	0,00	0,00	0,00	0,00	0,00	0,00	0,00	0,00	0,00	0,00	0,00	0,00
	IV	**275,25**	15,13	22,02	24,77	12,91	18,78	21,13	10,75	15,64	17,60	8,66	12,60	14,18	6,63	9,65	10,85	0,78	6,79	7,64	0,00	4,15	4,67
	V	**524,66**	28,85	41,97	47,21																		
	VI	**558,33**	30,70	44,66	50,24																		
2282,99	I	**276,00**	15,18	22,08	24,84	10,79	15,70	17,66	6,67	9,70	10,91	0,00	4,19	4,71	0,00	0,08	0,09	0,00	0,00	0,00	0,00	0,00	0,00
	II	**245,66**	13,51	19,65	22,10	9,22	13,42	15,09	2,70	7,56	8,50	0,00	2,47	2,78	0,00	0,00	0,00	0,00	0,00	0,00	0,00	0,00	0,00
	III	**71,50**	0,00	5,72	6,43	0,00	1,66	1,87	0,00	0,00	0,00	0,00	0,00	0,00	0,00	0,00	0,00	0,00	0,00	0,00	0,00	0,00	0,00
	IV	**276,00**	15,18	22,08	24,84	12,95	18,84	21,20	10,79	15,70	17,66	8,70	12,66	14,24	6,67	9,70	10,91	0,91	6,84	7,70	0,00	4,19	4,71
	V	**525,66**	28,91	42,05	47,30																		
	VI	**559,33**	30,76	44,74	50,33																		

Auszug aus einer Gleitzonentabelle für 2014

Arbeitgeber-Anteil in €					ausgew. monatl. **Arbeitsentgelt** neue **und** alte Länder in €	Arbeitnehmer-Anteil in €						
RV	**AV**	**KV**	**PV**	**PV** Sachsen		**RV**	**AV**	**KV**	**PV** m. K.	**PV** o. K.	**PV Sachsen** m. K.	**PV Sachsen** o. K.
42,53	6,75	32,85	4,61	2,36	**450,00**	22,16	3,51	20,19	2,40	3,26	4,65	5,51
43,47	6,90	33,58	4,72	2,42	**460,00**	23,61	3,75	21,43	2,56	3,45	4,86	5,75
44,42	7,05	34,31	4,82	2,47	**470,00**	25,06	3,98	22,67	2,72	3,64	5,07	5,99
45,36	7,20	35,04	4,92	2,52	**480,00**	26,52	4,21	23,91	2,88	3,83	5,28	6,23
46,31	7,35	35,77	5,02	2,57	**490,00**	27,97	4,44	25,15	3,03	4,02	5,48	6,47
47,25	7,50	36,50	5,13	2,63	**500,00**	29,43	4,67	26,38	3,19	4,21	5,69	6,71
48,20	7,65	37,23	5,23	2,68	**510,00**	30,88	4,90	27,62	3,35	4,40	5,90	6,95
49,14	7,80	37,96	5,33	2,73	**520,00**	32,24	5,13	28,86	3,51	4,58	6,11	7,18
50,09	7,95	38,69	5,43	2,78	**530,00**	33,79	5,36	30,10	3,66	4,77	6,31	7,42
51,03	8,10	39,42	5,54	2,84	**540,00**	35,24	5,59	31,33	3,82	4,96	6,52	7,66
51,98	8,25	40,15	5,64	2,89	**550,00**	36,70	5,83	32,57	3,98	5,15	6,73	7,90
52,92	8,40	40,88	5,74	2,94	**560,00**	38,15	6,06	33,81	4,14	5,34	6,94	8,14
53,87	8,55	41,61	5,84	2,99	**570,00**	39,61	6,29	35,05	4,30	5,53	7,15	8,38
54,81	8,70	42,34	5,95	3,05	**580,00**	41,06	6,52	36,28	4,45	5,72	7,35	8,62
55,76	8,85	43,07	6,05	3,10	**590,00**	42,51	6,75	37,52	4,61	5,91	7,56	8,86
56,70	9,00	43,80	6,15	3,15	**600,00**	43,97	6,98	38,76	4,77	6,10	7,77	9,10
57,65	9,15	44,53	6,25	3,20	**610,00**	45,42	7,21	40,00	4,93	6,29	7,98	9,34
58,59	9,30	45,26	6,36	3,26	**620,00**	46,88	7,44	41,23	5,08	6,48	8,18	9,58
59,54	9,45	45,99	6,46	3,31	**630,00**	48,33	7,67	42,47	5,24	6,67	8,39	9,82
60,48	9,60	46,72	6,56	3,36	**640,00**	49,79	7,90	43,71	5,40	6,86	8,60	10,06
61,43	9,75	47,45	6,66	3,41	**650,00**	51,24	8,13	44,95	5,56	7,05	8,81	10,30
62,37	9,90	48,18	6,77	3,47	**660,00**	52,69	8,36	46,19	5,72	7,24	9,02	10,54
63,32	10,05	48,91	6,87	3,52	**670,00**	54,15	8,60	47,42	5,87	7,43	9,22	10,78
64,26	10,20	49,64	6,97	3,57	**680,00**	55,60	8,83	48,66	6,03	7,62	9,43	11,02
65,21	10,35	50,37	7,07	3,62	**690,00**	57,06	9,06	49,90	6,19	7,81	9,64	11,26
66,15	10,50	51,10	7,18	3,68	**700,00**	58,51	9,29	51,14	6,35	8,00	9,85	11,50
67,10	10,65	51,83	7,28	3,73	**710,00**	59,97	9,52	52,37	6,50	8,18	10,05	11,73
68,04	10,80	52,56	7,38	3,78	**720,00**	61,42	9,75	53,61	6,66	8,37	10,26	11,97
68,99	10,95	53,29	7,48	3,83	**730,00**	62,87	9,98	54,85	6,82	8,56	10,47	12,21
69,93	11,10	54,02	7,59	3,89	**740,00**	64,33	10,21	56,09	6,98	8,75	10,68	12,45
70,88	11,25	54,75	7,69	3,94	**750,00**	65,78	10,44	57,32	7,14	8,94	10,89	12,69
71,82	11,40	55,48	7,79	3,99	**760,00**	67,24	10,67	58,56	7,29	9,13	11,09	12,93
72,77	11,55	56,21	7,89	4,04	**770,00**	68,69	10,90	59,80	7,45	9,32	11,30	13,17
73,71	11,70	56,94	8,00	4,10	**780,00**	70,15	11,13	61,04	7,61	9,51	11,51	13,41
74,66	11,85	57,67	8,10	4,15	**790,00**	71,60	11,37	62,27	7,77	9,70	11,72	13,65
75,60	12,00	58,40	8,20	4,20	**800,00**	73,05	11,60	63,51	7,92	9,89	11,92	13,89
76,55	12,15	59,13	8,30	4,25	**810,00**	74,51	11,83	64,75	8,08	10,08	12,13	14,13
77,49	12,30	59,86	8,41	4,31	**820,00**	75,96	12,06	65,99	8,24	10,27	12,34	14,37
78,44	12,45	60,59	8,51	4,36	**830,00**	77,42	12,29	67,22	8,40	10,46	12,55	14,61
79,38	12,60	61,32	8,61	4,41	**840,00**	78,87	12,52	68,46	8,55	10,65	12,75	14,85
80,33	12,75	62,05	8,71	4,46	**850,00**	80,33	12,75	69,70	8,71	10,84	12,96	15,09

RV = Rentenversicherung
AV = Arbeitslosenversicherung
KV = Krankenversicherung
PV = Pflegeversicherung
m. K. = mit Kind
o. K. = ohne Kind

11 Grundlagen der Kalkulation

11.1 Aufgaben der Kalkulation

Kalkulieren bedeutet Preise berechnen. Durch die Kalkulation kann ein Friseur feststellen, zu welchem Endpreis er seine Waren und Dienstleistungen anbieten muss, damit er seine Kosten decken und einen angemessenen Gewinn erzielen kann. In einem Friseurbetrieb unterscheidet man folgende Kalkulationsarten:

- die **Kalkulation von Dienstleistungen** (z. B. Schneiden, Waschen, Legen, Dauerwelle)
- die **Kalkulation von Haararbeiten** (Perücke, Haarteil)
- die **Kalkulation von Handelswaren** (Bezugs- und Verkaufskalkulation)

Alle Preise in einem Friseurbetrieb müssen sehr sorgfältig berechnet werden, denn von der richtigen Preisgestaltung hängt die Zukunft des Betriebes ab. Ein Friseur, der die Preise lediglich schätzt, riskiert, dass er sie zu hoch oder zu niedrig ansetzt. Sind die Preise zu hoch, dann gehen die Kunden zur Konkurrenz, sind sie zu niedrig, dann decken sie die entstandenen Kosten nicht ab. Der Friseur erzielt keinen angemessenen Gewinn und gefährdet dadurch die Existenz seines Betriebes.

Die Aufgabe der Kalkulation besteht deshalb darin, die entstandenen Kosten zu erfassen und sie auf die Dienstleistungen (z. B. Haarschnitt) und Verkaufsartikel umzulegen.

11.2 Die Kalkulation von Dienstleistungen

11.2.1 Kosten bei der Kalkulation von Dienstleistungen

Die meisten Einnahmen erzielt ein Friseur durch das Bereitstellen von Dienstleistungen. Um eine Dienstleistung zu erstellen, wird vor allem Arbeitszeit benötigt, d. h., es entstehen Lohnkosten.

Die Lohnkosten

Sie sind der Ausgangspunkt, wenn eine Dienstleistung (z. B. ein Haarschnitt) kalkuliert werden soll. Genauer gesagt: Man geht von den ***direkt verrechenbaren Lohnkosten*** aus. Das ist der Teil des Lohnes, der direkt für eine Bedienung verrechnet wird. Die direkt verrechenbaren Lohnkosten werden auch als ***produktive Löhne*** bezeichnet. Wie viel Arbeitszeit für eine bestimmte Dienstleistung erforderlich ist, kann jeder Friseur für seinen Betrieb feststellen. Er kann für seine Kalkulation aber auch die Bedienungszeiten des Zentralverbandes des deutschen Friseurhandwerks zugrunde legen. Einen Auszug aus diesen Durchschnittswerten zeigt die auf der nächsten Seite stehende Tabelle.

Beispiele für Durchschnittswerte von Bedienungszeiten	
Dienstleistung	**Minuten**
Damensalon	
– Waschen, Einlegen und Frisieren (Kurzhaar)	35–40
– Waschen, Einlegen und Frisieren (Langhaar)	45–50
– modischer Spezialhaarschnitt	30–40
– Dauerwelle (Kurzhaar, nur Dauerwellwickeln und Fixieren)	25–30
– Dauerwelle (Langhaar, nur Dauerwellwickeln und Fixieren)	30–35
– Neufärbung (Kurzhaar)	20
– Tönen	20
Herrensalon	
– Trockenhaarschnitt	20–30
– Nasshaarschnitt	35–45
– Rasieren	20

Werden die ermittelten Arbeitszeiten mit durchschnittlichen Stundenlöhnen bewertet, die in dem jeweiligen Betrieb gezahlt werden, dann erhält man die produktiven Löhne für eine bestimmte Dienstleistung. Vereinfacht gesagt: Man erhält die **Lohnkosten** für eine Dienstleistung.

Beispiel 1:

Für einen Trockenhaarschnitt ist eine durchschnittliche Arbeitszeit von 25 Minuten erforderlich.

Wie hoch sind die produktiven Löhne (Lohnkosten), wenn der Stundenlohn 8,50 € beträgt?

Lösung:

60 Minuten = 8,50 €
25 Minuten = x €

$$x = \frac{8{,}50 \cdot 25}{60} = \underline{\underline{3{,}54\ €}}$$

Ergebnis: Die Lohnkosten (produktiven Löhne) für einen Trockenhaarschnitt betragen 3,54 €.

In einem Friseurbetrieb bedienen die Arbeitnehmer nicht ununterbrochen die Kunden. So fallen beispielsweise sogenannte Leerzeiten an, in denen auf Kunden gewartet wird. Auch diese Zeiten muss ein Betriebsinhaber bezahlen, sie sind bereits in den Bruttolöhnen enthalten. Das Gleiche gilt für Reinigungsarbeiten, Aufräumarbeiten, Urlaubstage,

Krankheitstage, Berufsschultage usw. Da man diese Zeiten einer bestimmten Leistung nicht zuordnen kann, nennt man sie ***nicht direkt verrechenbare Lohnkosten, unproduktive Löhne*** oder ***Gemeinkostenlöhne***. Damit ergibt sich folgender Zusammenhang:

Lohnkosten (produktive Löhne)	Bruttolöhne
+ Gemeinkostenlöhne	– Lohnkosten (produktive Löhne)
= Bruttolöhne	= Gemeinkostenlöhne

Bruttolöhne
– Gemeinkostenlöhne
= Lohnkosten (produktive Löhne)

Anmerkung: Zu den Bruttolöhnen rechnet man auch den angenommenen (kalkulierten) Meisterlohn.

Beispiel 2:

Die monatlichen Bruttolöhne betragen in einem Friseurgeschäft 5.194,73 €. Davon können 30 % nicht direkt verrechnet werden, d. h., es sind Gemeinkostenlöhne.

a) Berechnen Sie für die Kalkulation die Höhe der Gemeinkostenlöhne.
b) Berechnen Sie für die Kalkulation die Höhe der Lohnkosten (produktive Löhne).

Lösung:

a) Berechnung der Gemeinkostenlöhne:

100 % (Bruttolöhne) = 5.194,73 €
30 % (Gemeinkostenlöhne) = x €

$$x = \frac{5194{,}73 \cdot 30}{100} = 1.558{,}42 \text{ € Gemeinköstenlöhne}$$

b)

Bruttolöhne	5.194,73 €
– Gemeinkostenlöhne	1.558,42 €
= Lohnkosten (produktive Löhne)	3.636,31 €

Die Gemeinkosten

Gemeinkosten sind alle Kosten, die notwendig sind, damit die Geschäftstätigkeit ausgeübt werden kann. Beispiele: Gemeinkostenlöhne, Stromkosten, Wasserkosten, Mieten, Zinsen, Abschreibungen, Innungsbeiträge, Sozialversicherungsbeiträge des Arbeitgebers usw. Zu den Gemeinkosten werden auch die Kabinettwaren gerechnet (z. B. Kabinetthaarwasser, Kabinettshampoo).

Gemeinkosten können einer einzelnen Dienstleistung, wie z. B. einem Haarschnitt, nicht direkt zugeordnet werden, da sie auch für andere Friseurleistungen anfallen. Damit die Gemeinkosten in der Kalkulation berücksichtigt werden, schlägt man sie anteilmäßig (in %) auf die produktiven Löhne (Lohnkosten) auf. Um den richtigen Zuschlagssatz zu erhalten, ermittelt man in der Regel jährlich die produktiven Löhne sowie die Gemeinkosten und setzt sie zueinander ins Verhältnis. Die Lohnkosten entsprechen hierbei 100 %.

Gemeinkosten

z. B.: Gemeinkostenlöhne, Wasserkosten, Stromkosten, Pacht, Versicherungen

Ins Verhältnis gesetzt, ergibt den Gemeinkostenzuschlagssatz.

Lohnkosten
(produktive Löhne)

Sie entsprechen **100 %.**

Beispiel 1:

Ihrer Buchführung hat eine Friseurmeisterin entnommen, dass die Gemeinkosten ihres Betriebes pro Jahr 79.761,53 € betragen. Im gleichen Zeitraum sind produktive Löhne (Lohnkosten) in Höhe von 61.355,03 € angefallen. Ermitteln Sie den Gemeinkostenzuschlagssatz, mit dem kalkuliert werden muss.

Lösung:

61.355,03 € (Lohnkosten) = 100 %
79.671,53 € (Gemeinkosten) = x %

100 %

Gemeinkosten

$$x = \frac{100 \cdot 79\,761{,}53}{61\,355{,}03} \approx \underline{\underline{130\ \%}}$$

Lohnkosten

Ergebnis: Der Gemeinkostenzuschlagssatz beträgt 130 %.

Aus unserem Beispiel lässt sich somit folgende Formel ableiten:

$$\textbf{Gemeinkostenzuschlagssatz} = \frac{\text{Gemeinkosten} \cdot 100}{\text{Lohnkosten}}$$

In den einzelnen Bereichen (Kostenstellen) eines Friseurbetriebs fallen die Gemeinkosten in unterschiedlicher Höhe an. So wird z. B. in der Damenabteilung wesentlich mehr Strom verbraucht als in der Herrenabteilung. Damit man möglichst genau kalkulieren kann, ermittelt man für die einzelnen Bereiche, wie z. B. die Damenabteilung oder die Herrenabteilung, getrennte Gemeinkostenzuschlagssätze.

Beispiel 2:

In einem Friseurbetrieb fallen im Jahr 98.000,00 € Gemeinkosten an.
Diese verteilen sich im Verhältnis 10 : 5 : 1 auf die Damenabteilung, die Herrenabteilung und die Verkaufsabteilung. In den einzelnen Bereichen sind in diesem Zeitraum folgende Lohnkosten (produktive Löhne) entstanden:

Damenabteilung:	38.281,25 €
Herrenabteilung:	27.343,75 €
Verkaufsabteilung:	2.722,22 €

a) Wie viel Euro Gemeinkosten entfallen auf jede Abteilung?
b) Wie viel % betragen die Gemeinkostenzuschlagssätze der einzelnen Abteilungen?

Lösung:

a) Verteilung der Gemeinkosten auf die einzelnen Abteilungen:

10 Teile + 5 Teile + 1 Teil = 16 Teile

16 Teile = 98.000,00 €
1 Teil = x €

$$x = \frac{98\,000 \cdot 1}{16} = 6.125{,}00\ €$$

Gemeinkosten der Damenabteilung	= 10 Teile	= 10 · 6.125,00 €	= 61.250,00 €
Gemeinkosten der Herrenabteilung	= 5 Teile	= 5 · 6.125,00 €	= 30.625,00 €
Gemeinkosten der Verkaufsabteilung	= 1 Teil	= 6.125,00 €	

b) Berechnung der Gemeinkostenzuschlagssätze unter Anwendung der Formel:

$$\textbf{Gemeinkostenzuschlagssatz} = \frac{\text{Gemeinkosten} \cdot 100}{\text{Lohnkosten}}$$

$$\textbf{Gemeinkostenzuschlagssatz Damenabteilung} = \frac{61\,250 \cdot 100}{38\,281{,}25} = 160\ \%$$

$$\textbf{Gemeinkostenzuschlagssatz Herrenabteilung} = \frac{30\,625 \cdot 100}{27\,343{,}75} = 112\ \%$$

$$\textbf{Gemeinkostenzuschlagssatz Verkaufsabteilung} = \frac{6\,125 \cdot 100}{2\,722{,}22} = 225\ \%$$

Aufgaben

1. Wie hoch sind die Lohnkosten (produktiven Löhne)?

	Stundenlohn	benötigte Arbeitszeit
a)	8,00 €	20 Minuten
b)	9,66 €	1¼ Stunden
c)	8,75 €	15 Minuten
d)	9,25 €	42 Minuten

2. In einem Salon wurde ein Gemeinkostenzuschlagssatz von 164 % ermittelt. Für verschiedene Dienstleistungen entstehen folgende Lohnkosten:
a) 3,48 €
b) 15,13 €
c) 5,83 €
Welcher Gemeinkostenanteil fällt jeweils an?

3. Wie viel % beträgt der Gemeinkostenzuschlagssatz?

	Gemeinkosten	Gemeinkostenlöhne	Bruttolöhne
a)	39.289,84 €	9.622,00 €	32.073,34 €
b)	52.696,59 €	16.889,93 €	48.256,95 €
c)	87.772,45 €	19.845,19 €	70.875,69 €

4. In einem Friseurgeschäft wird im Damensalon mit einem Gemeinkostenzuschlagssatz von 120 % kalkuliert, im Herrensalon mit 90 %. Die produktiven Löhne betragen 61.355,00 € im Damensalon und 38.347,00 € im Herrensalon.
a) Wie hoch sind die anfallenden Gemeinkosten im Damensalon?
b) Wie hoch sind die anfallenden Gemeinkosten im Herrensalon?

5. a) Berechnen Sie den Gemeinkostenzuschlagssatz für den Damensalon und den Herrensalon. Berücksichtigen Sie hierbei folgende Zahlen:

	Lohnkosten	*Gemeinkosten*
– Damensalon	49.000,00 €	61.690,00 €
– Herrensalon	28.633,00 €	40.658,00 €

b) Welcher Gemeinkostensatz müsste verrechnet werden, wenn der Friseurbetrieb mit einem einzigen Gemeinkostensatz kalkulieren würde?
c) Welche Auswirkungen würden sich ergeben, wenn nur ein Gemeinkostensatz verwendet werden würde?

6. In einem Friseurbetrieb sind in einem Jahr für 90.452,65 € Bruttolöhne gezahlt worden. Die Gemeinkostenlöhne beliefen sich im gleichen Zeitraum auf 16.281,58 €.

a) Ermitteln Sie die Lohnkosten (produktiven Löhne).

b) Wie hoch war der Gemeinkostenzuschlagssatz, wenn die Gemeinkosten im gleichen Zeitraum 129.799,36 € betragen haben?

7. Meister Knobel hat ermittelt, dass im letzten Jahr in seinem Betrieb insgesamt 130.000,00 € Gemeinkosten entstanden sind. Diese Kosten verteilten sich im Verhältnis 5 : 3 : 2 auf den Damensalon, den Herrensalon und den Verkaufsbereich.

a) Wie viel Euro Gemeinkosten entfallen auf jeden der drei Bereiche?

b) Ermitteln Sie für jeden Bereich den entsprechenden Gemeinkostenzuschlagssatz. Runden Sie das Ergebnis auf ganze Zahlen auf, und berücksichtigen Sie bei der Berechnung die folgenden produktiven Löhne:

– Damensalon:	48.062,00 €
– Herrensalon:	31.700,00 €
– Verkaufsbereich:	16.873,00 €

8. Die Herrenabteilung des Salon Kniffel verursachte im letzten Jahr 32.434,00 € Gemeinkosten. Die Bruttolöhne, die im gleichen Zeitraum gezahlt wurden, beliefen sich auf 29.619,75 €. Davon waren 7.405,00 € Gemeinkostenlöhne.

In der Damenabteilung betrugen die Gemeinkosten 93.069,63 €. Die Bruttolöhne beliefen sich auf 67.588,00 € und die Gemeinkostenlöhne auf 12.841,85 €.

a) Ermitteln Sie, mit welchem Gemeinkostenzuschlagssatz in der Herrenabteilung kalkuliert werden muss.

b) Welcher Gemeinkostenzuschlagssatz ergibt sich für die Damenabteilung?

11.2.2 Die Kalkulation von Dienstleistungen mit dem Gemeinkostenzuschlagssatz

Beispiel:

In einem Friseursalon soll ein Damenhaarschnitt kalkuliert werden. Die Bedienungszeit beträgt 40 Minuten, der Stundenlohn 8,50 €. An Gemeinkosten werden 165 % verrechnet. Der Gewinn soll 28 % betragen. Die Mehrwertsteuer beläuft sich auf 19 %. Die Kabinettwaren sind im Gemeinkostensatz enthalten.

Ermitteln Sie den Bruttobedienungspreis.

Lösung:

60 Minuten = 8,50 € Lohnkosten
40 Minuten = x € Lohnkosten

$$x = \frac{8{,}50 \cdot 40}{60} \approx 5{,}67 \text{ € Lohnkosten}$$

	Lohnkosten (produktiver Lohn)	5,67 €	100 %		
+	165 % Gemeinkosten (von 5,67 €)	9,36 €	+ 165 %		
=	Selbstkosten	15,03 €	265 %	100 %	
+	28 % Gewinn (von 15,03 €)	4,21 €		+ 28 %	
=	Nettobedienungspreis	19,24 €		128 %	+ 100 %
+	19 % Mehrwertsteuer (von 19,24 €)	3,66 €			+ 19 %
=	Bruttobedienungspreis	22,90 €			119 %

Ergebnis: Der Bruttobedienungspreis für den Damenhaarschnitt beträgt 22,90 €.

Anmerkung: In der Praxis kann ein Friseur das Kalkulationsergebnis sinnvoll runden, d. h., der Bedienungspreis könnte hier z. B. 23 € betragen.

Aus unserem Einführungsbeispiel lässt sich das folgende allgemeine Schema ableiten:

Kalkulation von Dienstleistungen

	Lohnkosten
+	Gemeinkosten
=	Selbstkosten
+	Gewinn
=	Nettobedienungspreis
+	Mehrwertsteuer
=	Bruttobedienungspreis

Erläuterungen:

Gemeinkosten sind alle *allgemeinen Kosten*, die erforderlich sind, um die Geschäftstätigkeit auszuüben. Beispiele: Kosten für Strom, Wasser, Mieten, Zinsen, Abschreibungen, Innungsbeiträge usw. Zu den Gemeinkosten werden auch die Kabinettwaren gerechnet (z. B. Kabinetthaarwasser, Kabinettshampoo). Gemeinkosten lassen sich einer einzelnen Dienstleistung nicht direkt zuordnen, da sie auch für andere Friseurleistungen anfallen. Bei der Kalkulation werden die Gemeinkosten durch den Gemeinkostenzuschlagssatz anteilmäßig berücksichtigt.

Die **Selbstkosten** sind die Kosten, die dem Betrieb selbst entstanden sind. Man erhält sie, indem man die direkt verrechenbaren Lohnkosten und die Gemeinkosten addiert.

Für **Gewinn und Risiko** erfolgt ein prozentualer Aufschlag auf die Selbstkosten. Dadurch sollen das Unternehmerwagnis, die Unternehmertätigkeit und das Absatzrisiko vergütet werden. Des Weiteren will man das eingesetzte Kapital angemessen verzinsen. Außerdem soll der Zuschlag Verluste berücksichtigen, die durch Fehlplanungen entstehen.

Der **Nettobedienungspreis** ergibt sich, wenn man die Selbstkosten und den Gewinnzuschlag addiert. Der Nettobedienungspreis **enthält keine Mehrwertsteuer**.

Der **Bruttobedienungspreis** ist der Endpreis, den der Kunde zahlt. Er ist der Preis **einschließlich Mehrwertsteuer**.

Beachten Sie:

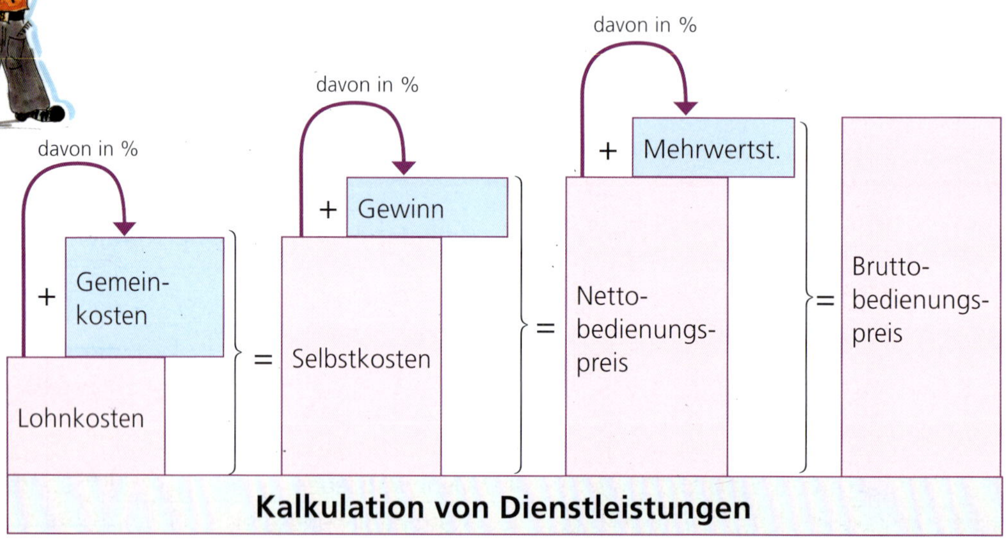

Aufgaben

1. Zu welchem Selbstkostenpreis können folgende Dienstleistungen ausgeführt werden?

	Dienstleistung	Arbeitszeit	Stundenlohn	Gemeinkosten
a)	Waschen, Einlegen, Frisieren	40 Minuten	8,50 €	150 %
b)	Föhnfrisur	30 Minuten	9,66 €	205 %
c)	Herrenhaarschnitt	45 Minuten	11,24 €	175 %

2. Im Salon Zwerger wird ein Kinderhaarschnitt in 15 Minuten ausgeführt.
a) Welche Lohnkosten entstehen bei einem Stundenlohn von 9,20 €?
b) Welchen Bruttobedienungspreis muss die Mutter des kleinen Franz-Josef bezahlen, wenn die Gemeinkosten 170 % betragen, der Gewinnzuschlag 25 % ausmacht und 19 % Mehrwertsteuer berücksichtigt werden müssen?

3. Für die Kalkulation einer Dauerwelle in der Damenabteilung liegen folgende Daten vor:
- Arbeitszeit Friseurin 55 Minuten, Stundenlohn 10,00 €
- Arbeitszeit Auszubildende 45 Minuten, Stundenlohn 4,60 €
- Gemeinkostenzuschlag 155 %
- Gewinn 20 %
- Mehrwertsteuer 19 %

Berechnen Sie den Bruttobedienungspreis.

4. Im Salon Schneider wird ein Haarschnitt in der Herrenabteilung folgendermaßen kalkuliert:
- 25 % Gewinn
- 19 % Mehrwertsteuer
- Arbeitszeit 40 Minuten, Stundenlohn 9,99 €
- Gemeinkostenzuschlag 125 %

Ermitteln Sie den Bruttobedienungspreis.

5. Im Salon Fleck sind folgende Arbeiten zu kalkulieren:
a) ***eine Blondierung:***
Die benötigte Arbeitszeit wird mit 1 Stunde und 50 Minuten angesetzt. Der Stundenlohn beträgt 8,85 €. Die Gemeinkosten betragen 140 %. Als Gewinn setzt Meister Fleck 23 % an. Die Mehrwertsteuer beträgt 19 %.
b) ***Strähnen (lang):***
Die benötigte Arbeitszeit wird mit 80 Minuten angesetzt. Der Stundenlohn beträgt 9,21 €. Die Gemeinkosten betragen 115 %. Des Weiteren rechnet Meister Fleck mit 23 % Gewinn. Die Mehrwertsteuer beträgt 19 %.

6. Im Salon Schicki & Micki kalkuliert man mit einem Gemeinkostenzuschlag von 160 % sowie mit einem Gewinnzuschlag von 25 %.

a) Wie hoch ist der Bruttobedienungspreis des modischen Spezialhaarschnittes von Frau Punk, wenn dafür 40 Minuten Arbeitszeit anfallen und ein Stundenlohn von 11,24 € zugrunde gelegt werden muss?

b) Berechnen Sie den Bruttobedienungspreis für die Maniküre des Herrn Rau. Der Stundenlohn beträgt 9,40 €, die Arbeitszeit 20 Minuten.

7. In der Herrenabteilung eines Salons fielen im vergangenen Jahr für 895 produktive Arbeitstage insgesamt 54.335,45 € produktive Löhne an. Pro Tag beträgt die produktive Arbeitszeit 6,5 Stunden.

a) Berechnen Sie die produktiven Löhne pro Stunde.

b) Kalkulieren Sie einen Bartschnitt, indem Sie folgende Daten berücksichtigen: Arbeitszeit 15 Minuten, Gewinn 20 %, Gemeinkosten 50 %, Mehrwertsteuer 19 %.

8. Aus Konkurrenzgründen kann ein Friseur für einen Herrenhaarschnitt nicht mehr als 15,39 € brutto verlangen. Dabei liegen folgende Kalkulationsdaten fest:

– Arbeitszeit 35 Minuten, Stundenlohn 8,60 €
– Gemeinkostensatz 140 %
– Mehrwertsteuer 19 %

Wie hoch darf der Gewinn in € und in % höchstens sein, wenn der Bruttobedienungspreis von 15,39 € unbedingt eingehalten werden muss?

11.2.3 Die Kalkulation von Dienstleistungen mit dem Minutenkostensatz

Sehr viele Betriebe ermitteln die Selbstkosten in der Kalkulation dadurch, dass sie mit dem **Minutenkostensatz** rechnen. Der Minutenkostensatz wird folgendermaßen festgelegt:

Zuerst ermittelt man für einen bestimmten Zeitraum (z. B. Monat, Vierteljahr, Jahr) die direkt verrechenbaren Arbeitsstunden (= produktive Arbeitsstunden). Diese ergeben sich, wenn man von der Gesamtarbeitszeit die Urlaubstage, Krankheitstage, Feiertage und Leerlaufzeiten abzieht. Dann wird das Ergebnis, die produktiven Arbeitsstunden, in produktive Arbeitsminuten umgerechnet.

Eine andere Vorgehensweise, wie man die produktiven Arbeitsminuten feststellen kann, besteht darin, dass man die Bedienungszettel aller Mitarbeiter nimmt und sie je nach Dienstleistung mit den entsprechenden Arbeitsminuten bewertet.

Der Minutenkostensatz ergibt sich, wenn man die Selbstkosten des gleichen Zeitraumes durch die produktiven Arbeitsminuten teilt.

Beispiel:

Für eine Tönung fällt eine Arbeitszeit von 20 Minuten an. Der Minutenkostensatz beträgt 1,00 €, der Zuschlag für Gewinn und Risiko 20 % und die Mehrwertsteuer 19 %.

a) Wie viel € beträgt der Bruttobedienungspreis?
b) Runden Sie das Kalkulationsergebnis praxisgerecht auf volle 5-Cent-Beträge auf.

Lösung:

a)	Selbstkosten (1,00 €/Min. · 20 Min.)	20,00 €
	+ 20 % Gewinn und Risiko (von 20,00 €)	4,00 €
	= Nettobedienungspreis	24,00 €
	+ 19 % Mehrwertsteuer (von 24,00 €)	4,56 €
	= Bruttobedienungspreis	28,56 €

b) Ergebnis gerundet: 28,60 €

Aufgaben

1. Ermitteln Sie den jeweiligen Bruttobedienungspreis.

	Arbeitszeit	Minutenkostensatz	Gewinn	Mehrwertsteuer
a)	30 min.	0,38 €	25 %	19 %
b)	45 min.	0,42 €	17,5 %	19 %
c)	20 min.	0,62 €	30 %	19 %
d)	35 min.	0,78 €	28 %	19 %

2. Für einen Herrenhaarschnitt werden 40 Arbeitsminuten benötigt.
Wie teuer ist der Bruttobedienungspreis, wenn der Friseur einen Minutenkostensatz von 0,44 €, einen Gewinnzuschlag von 18 % sowie 19 % Mehrwertsteuer berücksichtigen muss?

3. Im Salon Schneider wird mit einem Minutenkostensatz von 0,51 € gerechnet. Der Zuschlag für Gewinn und Risiko beträgt 22 %, die Mehrwertsteuer 19 %.
Zu welchem Bruttopreis kann ein Damenhaarschnitt einschließlich Waschen, Legen und Föhnen angeboten werden, wenn dafür 65 Minuten Arbeitszeit aufgewendet werden müssen?

4. Der Minutenkostensatz im Salon von Frau Fuchs beträgt 0,48 €. Für Gewinn und Risiko veranschlagt sie 22 %. Die Mehrwertsteuer beträgt 19 %. Zu welchen Bruttopreisen werden im Salon Fuchs folgende Dienstleistungen angeboten?
a) Maniküre mit Nagellack (30 Arbeitsminuten)
b) Wimpernfärben (10 Arbeitsminuten)
c) Abend-Make-up (20 Minuten)

5. In einem bestimmten Zeitraum betragen im Salon Grassnick die produktiven Lohnkosten 9.331,00 €, die produktiven Stunden belaufen sich auf 1050 Stunden und die Gemeinkosten betragen 13.064,00 €.
Wie hoch ist der Minutenkostensatz?

6. Um einen Herrenhaarschnitt einschließlich Waschen und Föhnen zu erstellen, benötigt man im Salon Schnellinger 35 Arbeitsminuten.
a) Mit welchem Minutenkostensatz wird im Salon Schnellinger kalkuliert, wenn die Selbstkosten für diesen Nasshaarschnitt 15,60 € betragen?
b) Welchen Bruttobedienungspreis muss ein Kunde zahlen, wenn Meister Schnellinger noch 20 % für Gewinn und Risiko sowie 19 % Mehrwertsteuer berücksichtigen muss? Runden Sie das Kalkulationsergebnis auf volle 5-Cent-Beträge auf.

11.3 Die Kalkulation von Haararbeiten

Hinweis: Haararbeiten (z. B. Anfertigung von Haarersatz) werden heute meist von darauf spezialisierten Firmen durchgeführt, sie kommen somit in der normalen Salonarbeit nicht mehr vor. Die Lehrpläne verzichten deshalb meist auf eine Behandlung dieses Themas. Da sich einige dennoch für diese Thematik interessieren, haben wir sie in dieses Buch mit aufgenommen.

Beispiel:

Im Salon Dutt wünscht eine Kundin die Anfertigung eines modischen Zopfes. Meister Dutt kalkuliert mit folgenden Zahlen:

- Materialkosten 13,70 €
- Arbeitszeit 4,25 Stunden
- Stundenlohn 8,50 €
- Gemeinkostenzuschlag 120 %
- Gewinn 10 %
- Mehrwertsteuer 19 %

Wie viel € muss die Kundin für den Zopf bezahlen?

Lösung:

Vor allem bei Haararbeiten stellen die Materialkosten einen größeren Kostenanteil. Dies ist beispielsweise bei der Anfertigung von Perücken oder Haarteilen der Fall. Hier ist es sinnvoll, die Materialkosten als eigenen Kostenbestandteil in die Kalkulation miteinzubeziehen. **Allerdings werden die Gemeinkosten wie bisher auf die Lohnkosten bezogen.**

	Materialkosten	13,70 €			
+	Lohnkosten (= 8,50 €/Std. · 4,25 Std.)	36,13 €	100 %		
+	120 % Gemeinkosten (von 36,13 €)	43,36 €	+ 120 %		
=	Selbstkosten	93,19 €	220 %	100 %	
+	10 % Gewinn (von 93,19 €)	9,32 €		+ 10 %	
=	Nettoverkaufspreis	102,51 €		110 %	+ 100 %
+	19 % Mehrwertsteuer (von 102,51 €)	19,48 €			+ 19 %
=	Bruttoverkaufspreis	121,99 €			119 %

Ergebnis: Die Kundin muss 121,99 € für den Zopf bezahlen.

Somit lässt sich aus unserem Beispiel das folgende allgemeine Schema ableiten:

Kalkulation von Haararbeiten

	Materialkosten
+	Lohnkosten
+	Gemeinkosten *(in % der Lohnkosten)*
=	Selbstkosten
+	Gewinn
=	Nettoverkaufspreis
+	Mehrwertsteuer
=	Bruttoverkaufspreis

11.4 Die Kalkulation von Handelswaren

11.4.1 Die Bezugs- und Verkaufskalkulation

Beispiel:

Meister Kniffel bestellt 63 Portionsflaschen Farbfestiger in verschiedenen Farbtönen. Der Listenpreis für 1 Portionsflasche beträgt 1,95 €. Der Lieferant gewährt 5 % Rabatt und 2 % Skonto. Die Bezugskosten betragen 1,80 €. Des Weiteren rechnet der Friseur mit 35 % Handlungskosten sowie mit 15 % Gewinn.

a) Berechnen Sie den Bezugspreis der Bestellung.
b) Berechnen Sie den Bezugspreis für 1 Portionsflasche.
c) Berechnen Sie den Nettoverkaufspreis und den Bruttoverkaufspreis für 1 Portionsflasche

Lösung:

a)	Listenpreis (63 · 1,95 €)	122,85 €	100 %	
–	5 % Rabatt	6,14 €	– 5 %	
=	Rechnungspreis	116,71 €	95 %	100 %
–	2 % Skonto	2,33 €		– 2 %
=	Nettoeinkaufspreis	114,38 €		98 %
+	Bezugskosten	1,80 €		
=	Bezugspreis	116,18 €		

b) Bezugspreis für 63 Portionsflaschen = 116,18 €
Bezugspreis für 1 Portionsflasche = 116,18 € : 63 = 1,844 ≈ 1,84 €

c)	Bezugspreis	1,84 €	100 %		
+	35 % Handlungskosten	0,64 €	+ 35 %		
=	Selbstkostenpreis	2,48 €	135 %	100 %	
+	15 % Gewinn	0,37 €		+ 15 %	
=	Nettoverkaufspreis	2,85 €		115 %	+ 100 %
+	19 % Mehrwertsteuer	0,54 €			+ 19 %
=	Bruttoverkaufspreis	3,39 €			119 %

Aus unserem Beispiel lässt sich das Schema für die Bezugs- und Verkaufskalkulation ableiten:

Bezugskalkulation

	Listenpreis
–	Rabatt
=	Rechnungspreis
–	Skonto
=	Nettoeinkaufspreis
+	Bezugskosten
=	**Bezugspreis**

Verkaufskalkulation

	Bezugspreis
+	Handlungskosten
=	Selbstkostenpreis
+	Gewinn
=	Nettoverkaufspreis
+	Mehrwertsteuer
=	**Bruttoverkaufpreis**

Bezugskalkulation

Durch die Bezugskalkulation soll der **Bezugspreis** einer Ware ermittelt werden. Dies ist der Preis, den der Friseur für eine Ware bezahlen muss, bis sie im Salon zur Verfügung steht.

Bezugskosten sind alle Kosten für Porto, Verpackung, Transport, Transportversicherung usw., die durch den Bezug der Ware entstehen.

Rabatt ist ein Preisnachlass, der aus verschiedenen Gründen gewährt werden kann. Am häufigsten ist der Mengenrabatt. Er wird gewährt, wenn größere Mengen abgenommen werden.

Skonto ist ein Preisnachlass, der eingeräumt wird, wenn der Kunde innerhalb einer bestimmten Frist bezahlt. ***Achtung***: Fassen Sie niemals Rabatt und Skonto zu einem Prozentsatz zusammen. *Zuerst* wird der *Rabatt* abgezogen, *Skonto zuletzt*.

In der Bezugskalkulation wird mit Nettopreisen gerechnet, d. h. **ohne Mehrwertsteuer**. Selbstverständlich muss der Friseur den Bruttopreis (Preis einschließlich Mehrwertsteuer) an seinen Lieferanten zahlen. Bei der Kalkulation jedoch ist die Mehrwertsteuer kein Kostenbestandteil, sondern nur ein durchlaufender Posten. Sie wird nämlich dem Kunden berechnet und an das Finanzamt abgeführt. Die Mehrwertsteuer, die der Lieferant von dem Friseur verlangt, darf als Vorsteuerabzug auf die vom Kunden bezahlte Mehrwertsteuer angerechnet werden. Die Folge: Nur die Verkaufskalkulation erfolgt mit Mehrwertsteuer.

Verkaufskalkulation

Durch die Verkaufskalkulation soll der **Bruttoverkaufspreis** einer Ware ermittelt werden.

Die Verkaufskalkulation geht vom Bezugspreis aus. Auf diesen werden die **Handlungskosten** aufgeschlagen. Dies ist ein prozentualer Zuschlag für alle Kosten, die durch die Bereitstellung und den Verkauf von Waren entstehen. Beispiele: Kosten der Verkaufseinrichtung, Kosten für das Verkaufspersonal, Miete, Strom, Heizung, Werbekosten usw.

Der **Selbstkostenpreis** deckt die Kosten, die dem Betrieb selbst entstehen. Er ergibt sich, wenn man zum Bezugspreis die Handlungskosten addiert.

Für **Gewinn** und Risiko erfolgt ein prozentualer Aufschlag auf den Selbstkostenpreis. Dadurch sollen das Unternehmerwagnis und die Unternehmertätigkeit vergütet werden. Des Weiteren soll das eingesetzte Kapital angemessen verzinst werden. Außerdem soll der Zuschlag Verluste berücksichtigen, die durch Fehlplanungen, den Verderb von Waren usw. entstehen.

Der **Nettoverkaufspreis** ist der kalkulierte Verkaufspreis, der ***keine Mehrwertsteuer*** enthält.

Der **Mehrwertsteuer** (genauer: Umsatzsteuer) unterliegen die Dienstleistungen des Friseurs sowie die von ihm verkauften Handelswaren. Zurzeit beträgt die Mehrwertsteuer 19 % (Stand 01. 09. 2014).

Der **Bruttoverkaufspreis** ist der Endverkaufspreis. Er ist der Preis ***einschließlich Mehrwertsteuer***. Der Bruttoverkaufspreis wird auch als Ladenpreis bezeichnet.

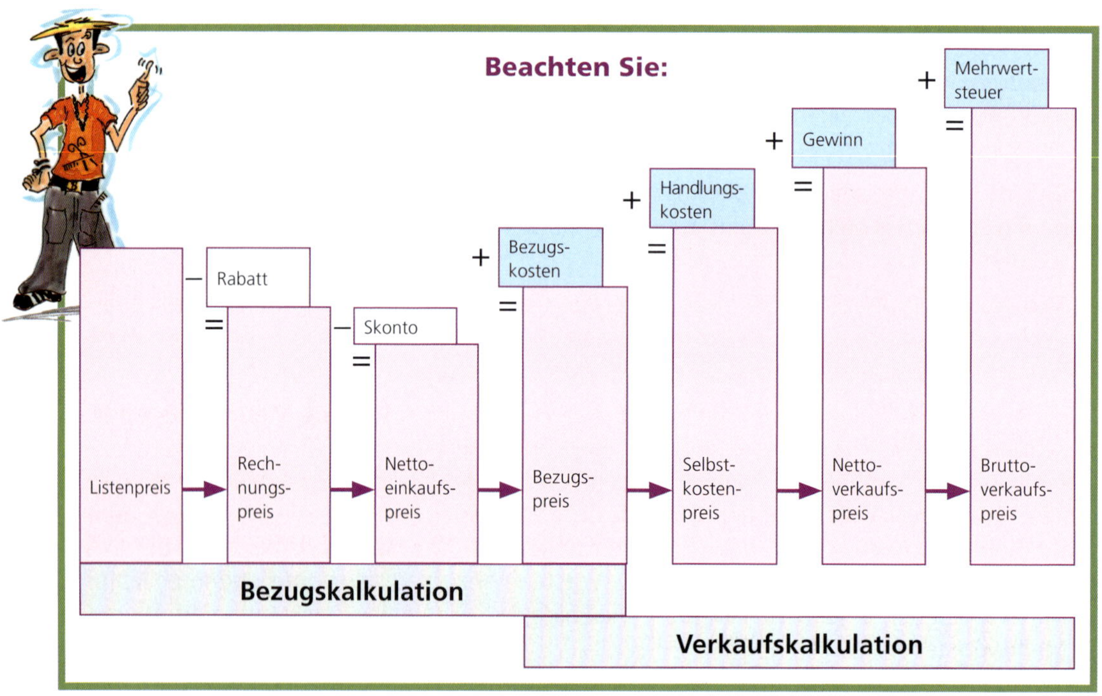

Aufgaben

1. Ermitteln Sie den Bezugspreis für die einzelnen Bestellungen. Achten Sie dabei auf die unterschiedlichen Zahlungsbedingungen.

	Listenpreis	Rabatt	Skonto	Bezugskosten
a)	421,92 €	15 %	3 %	10,23 €
b)	60,79 €	10 %	–	2,30 €
c)	19,63 €	–	2 %	–
d)	498,10 €	7,5 %	3 %	16,62 €

2. Ermitteln Sie den Bruttoverkaufspreis für die nachfolgend aufgeführten Waren:

	Bezugspreis	Handlungskosten	Gewinn	Mehrwertsteuer
a)	6,54 €	30 %	20 %	19 %
b)	3,25 €	35 %	28 %	19 %
c)	9,25 €	40 %	15 %	19 %
d)	40,86 €	25 %	32 %	19 %

3. Eine Haarschneidemaschine wird zum Listenpreis von 168,62 € angeboten. Der Lieferant räumt folgende Zahlungsbedingungen ein: Bei Zahlung innerhalb von 10 Tagen können 3 % Skonto abgezogen werden. Außerdem werden 7,5 % Rabatt eingeräumt.
Wie viel € beträgt der Bezugspreis, wenn innerhalb der Skontofrist bezahlt wird und wenn 6,39 € Bezugskosten anfallen?

4. Bei einer Bestellung können 2 % Skonto abgezogen werden, das sind 6,35 €.
a) Wie hoch ist der Nettoeinkaufspreis?
b) Ermitteln Sie den Bezugspreis, indem Sie 5,11 € Bezugskosten berücksichtigen.

5. Einem Friseur wird eine Dose Tagescreme zum Listenpreis von 29,99 € angeboten. Werden mindestens 15 Stück bestellt, dann räumt der Großhändler 10 % Mengenrabatt ein. 2 % Skonto werden gewährt, wenn innerhalb von 14 Tagen bezahlt wird. Im Übrigen erfolgt die Lieferung für eine Versandkostenpauschale von 2,56 €. Der Friseur bestellt 20 Dosen.
a) Ermitteln Sie den Bezugspreis der Sendung, wenn innerhalb der Skontofrist bezahlt wird.
b) Berechnen Sie den Bezugspreis für 1 Dose Tagescreme.
c) Wie hoch ist der Bruttoverkaufspreis für 1 Dose Tagescreme, wenn der Friseur 20 % Handlungskosten, 18 % Gewinn und 19 % Mehrwertsteuer berücksichtigen muss?

6. Eine Dose Haarlack wurde zum Bezugspreis von 2,99 € eingekauft. In dem Friseurgeschäft wird mit 26 % Handlungskosten, mit 18 % Gewinn und mit 19 % Mehrwertsteuer kalkuliert.
Mit welchem Bruttoverkaufspreis wird die Dose im Verkauf angeboten?

7. Der Listenpreis für einen Minigriffkamm beträgt 2,89 €. Bei Abnahme von mindestens einem Dutzend Kämmen gewährt der Lieferant 5 % Rabatt. Für Zahlung innerhalb von 10 Tagen dürfen 2 % Skonto abgezogen werden. Die Bezugskosten pro Lieferung betragen 2,30 €. In der Verkaufskalkulation wird mit 15 % Handlungskosten und 35 % Gewinn gerechnet. Die Mehrwertsteuer beträgt 19 %.

a) Wie hoch ist der Bezugspreis für 10 Griffkämme, wenn innerhalb der Skontofrist bezahlt wird?
b) Wie hoch ist der Bezugspreis für 2 Dutzend Kämme, wenn innerhalb der Skontofrist bezahlt wird?
c) Berechnen Sie den Bezugspreis für einen Kamm bei Abnahme von 15 Kämmen. Gehen Sie bei der Berechnung ebenfalls davon aus, dass die Möglichkeit des Skontoabzugs in Anspruch genommen wurde.
d) Berechnen Sie den Nettoverkaufspreis für einen Kamm beim Einkauf von 4 Dutzend Kämmen.
e) Berechnen Sie den Bruttoverkaufspreis für einen Kamm beim Einkauf von 15 Kämmen.

8. Ein Friseur bestellt 25 Fönbürsten zum Listenpreis von 2,22 € je Stück frei Haus. Der Lieferant gewährt 10 % Rabatt und 3 % Skonto bei Zahlung innerhalb von 14 Tagen. Die Handlungskosten betragen 22 % und der Gewinn beläuft sich auf 25 %.

a) Ermitteln Sie den Bezugspreis für die Sendung, wenn bei Lieferung bar bezahlt wird.
b) Berechnen Sie den Bruttoverkaufspreis für eine Haarbürste.

9. Für einen Friseursalon werden verschiedene Waren zu folgenden Listenpreisen bestellt:

- 25 Tuben (je 50 ml) Kräutermaske, je Tube zu 10,90 €,
- 15 Dosen (je 50 ml) Mandelkleiemaske, je Dose zu 5,75 €,
- 35 Flaschen (je 100 ml) Hamamelis-Gesichtswasser zu je 4,12 €,
- 10 Dosen (je 50 ml) Kamille-Nachtcreme, je Dose zu 5,50 €.

Der Lieferant gewährt je bestelltem Artikel bei Abnahme von mindestens 15 Portionen 5 %, bei Abnahme von mindestens 30 Portionen 10 % Rabatt. Die Bezugskosten betragen 3,00 €. Für den Verkauf kalkuliert der Friseur 20 % Gewinn und 12 % Handlungskosten.

a) Wie hoch ist der Bezugspreis für die gesamte Bestellung?
b) Berechnen Sie den Bruttoverkaufspreis für jeden der bestellten Artikel. Gehen Sie bei der Berechnung davon aus, dass auf jede Warengruppe (z. B. Kräutermaske, Mandelkleiemaske usw.) ¼ der Bezugskosten entfällt.

10. Zur Ergänzung seines Warenbestandes bestellt ein Friseur zu folgenden Listenpreisen:
- 30 Lippenstifte, farblich sortiert, zu je 10,95 €,
- 15 Eyeliner zu je 4,47 €,
- 18 Nagellacke, sortiert, zu je 3,23 €.

Der Lieferant gewährt 5 % Mengenrabatt sowie 2 % Skonto. Bis 155,00 € werden 3,00 € Bezugskosten berechnet, über 155,00 € wird bezugskostenfrei geliefert.
Für die Handlungskosten veranschlagt der Friseur 33⅓ %, den Gewinn kalkuliert er mit 18,5 %.
a) Wie hoch ist der Bruttoverkaufspreis für einen Lippenstift?
b) Wie hoch ist der Bruttoverkaufspreis für einen Eyeliner?
c) Wie hoch ist der Bruttoverkaufspreis für einen Nagellack?

11.4.2 Der Kalkulationszuschlag

In einem Friseurgeschäft wird eine große Anzahl verschiedener Waren verkauft. Es wäre deshalb sehr umständlich und zeitaufwendig, wenn für jeden einzelnen Artikel eine ausführliche Kalkulation durchgeführt werden müsste. Man fasst deshalb die Prozentsätze für die Handlungskosten, den Gewinn und die Mehrwertsteuer in einem Prozentsatz – dem **Kalkulationszuschlag** – zusammen. Der Kalkulationszuschlag ist also ein prozentualer Aufschlag auf den **Bezugspreis**, der hierbei **100 %** entspricht.

Beachten Sie: **Der Kalkulationszuschlag bezieht sich auf den Bezugspreis**, d. h., er soll sicherstellen, dass ein angemessener Verkaufspreis erzielt wird.

Beispiel 1:

Während der Urlaubszeit bietet ein Friseur einen elektrischen Reiserasierapparat zum Bruttoverkaufspreis von 59,99 € an. Der Bezugspreis des Gerätes beträgt 48,00 €.

a) Wie viel € beträgt der Kalkulationszuschlag?
b) Mit wie viel % Kalkulationszuschlag rechnet der Friseur?

Lösung:

a)	Bruttoverkaufspreis	59,99 €
–	Bezugspreis	48,00 €
=	Kalkulationszuschlag in €	11,99 €

b) 48,00 € (Bezugspreis) = 100 %
11,99 € (Kalkulationszuschlag) = x %

$$x = \frac{100 \cdot 11{,}99}{48{,}00} = 24{,}979 \approx 25\,\%\ \text{Kalkulationszuschlag}$$

Beispiel 2:

Der Bezugspreis für eine Flasche Pflegeshampoo beträgt 3,48 €, der Kalkulationszuschlag 50 %. Mit welchem Bruttopreis wird das Pflegeshampoo im Verkauf angeboten?

Lösung:

	Bezugspreis	3,48 €	100 %
+	50 % Kalkulationszuschlag	1,74 €	+ 50 %
=	Bruttoverkaufspreis	5,22 €	150 %

Aus unseren Beispielen ergibt sich das folgende allgemeine Schema:

Kalkulation mit Kalkulationszuschlag

	Bezugspreis
+	Kalkulationszuschlag
=	Bruttoverkaufspreis

Beachten Sie:

+ Kalkulationszuschlag	
Bezugspreis = 100 %	= Bruttoverkaufspreis

Der **Kalkulationszuschlag** ist der Unterschied zwischen dem Bezugspreis (= Preis ohne Mehrwertsteuer) und dem Bruttoverkaufspreis (= Preis mit Mehrwertsteuer). Der Kalkulationszuschlag wird vom **Bezugspreis** berechnet, der **100 %** entspricht. Ausgedrückt wird der Kalkulationszuschlag in % des Bezugspreises.

Aufgaben

1. Ermitteln Sie den Bruttoverkaufspreis.

	a)	b)	c)	d)
Bezugspreis	4,09 €	12,78 €	0,43 €	2,44 €
Kalkulationszuschlag	30 %	45 %	70 %	28 %

2. Der Bezugspreis für 125 g Parfümseife beträgt 1,38 €. Der Kalkulationszuschlag beläuft sich auf 35 %. Ermitteln Sie den Bruttoverkaufspreis.

3. In einem Salon wird mit einem Kalkulationszuschlag von 73 % gerechnet.
Wie viel Euro kostet eine Dose Nährcreme, wenn sie mit 4,29 € bezogen wird und der Friseur die Bruttoverkaufspreise auf volle 5-Cent-Beträge aufrundet?

11.5 Kosten für elektrische Energie und Wasser

11.5.1 Elektrische Energie (Strom)

Ein wichtiger Kostenbestandteil jedes Friseursalons sind die Aufwendungen für den benötigten Strom. Ein Friseur, der darauf achtet, nur solche Geräte einzusetzen, die weniger Energie verbrauchen, kann dadurch erhebliche Kostenvorteile erzielen und die Umwelt schonen.

Elektrische Energie (Strom) wird z. B. benötigt, um Wärme zu erzeugen bei Heizungen, Trockenhauben oder bei der Warmwasseraufbereitung. Um mit Glühlampen oder Leuchtstoffröhren Licht zu erzeugen, wird ebenfalls elektrische Energie benötigt. Auch Haarschneidemaschinen, Rasierapparate usw. werden mit Strom betrieben. Dieser wird von den Energieversorgungsunternehmen erzeugt.

Jeder Friseur, der für seinen Salon ein neues elektrisches Gerät anschaffen will, kann unter den Produkten zahlreicher verschiedener Hersteller wählen. Ein wichtiger Gesichtspunkt für die Kaufentscheidung sollte der Energieverbrauch des jeweiligen Modells sein. Informationen über den Energieverbrauch kann man dem Leistungsschild entnehmen, das auf jedem elektrischen Gerät angebracht ist.

Firma: .... Typ ....
230 V / 800 W → Elektrische Leistung (= Anschlusswert oder Stromaufnahme)
Die Stromaufnahme wird gemessen in Watt (W).

→ Dieses Gerät nimmt in der Stunde 800 Watt Strom auf

↓ Stromspannung gemessen in Volt (V).

Beachten Sie:

V (Volt)	Das Einheitenzeichen V bedeutet Volt. In Volt wird die elektrische **Spannung** gemessen. Im Friseursalon oder im Haushalt beträgt die Spannung normalerweise 230 V.
W (Watt)	Das Einheitenzeichen W bedeutet Watt. In Watt bzw. Kilowatt (kW) wird die **elektrische Leistung** (= Anschlusswert oder **Stromaufnahme** eines Gerätes) gemessen. Beispiel: 1400 W Stromaufnahme für eine Trockenhaube.
A (Ampere)	Das Einheitenzeichen A bedeutet Ampere. In Ampere wird die **Stromstärke** gemessen. Beispiel: 16 A oder 25 A für eine Sicherung.
kWh (Kilowattstunde)	Das Einheitenzeichen kWh bedeutet Kilowattstunde. In Kilowattstunden wird die **elektrische Arbeit** (vereinfacht gesagt: die **verbrauchte Strommenge**) gemessen. Beispiel: Eine Trockenhaube, die eine bestimmte Zeit in Betrieb war, verbrauchte 0,7 kWh.

11.5.1.1 Berechnen der Stromaufnahme (elektrischen Leistung)

Beispiel 1:

In einem Salon sind 4 Trockenhauben mit einem Anschlusswert von jeweils 1500 W in Betrieb.

Wie hoch ist die Stromaufnahme der 4 Geräte?

Lösung:

Die Einheiten der elektrischen Leistung (Stromaufnahme) werden folgendermaßen umgerechnet:

1 kW = 1000 W	$1\ \text{W} = \frac{1}{1000}\ \text{kW} = 0{,}001\ \text{kW}$

Demnach beträgt die Stromaufnahme der 4 Trockenhauben:

4 · 1500 W = 6 000 W (Watt) = 6 kW (Kilowatt)

Beispiel 2:

Eine Stromleitung hat eine Spannung von 230 V. Sie ist mit einer Sicherung von 20 A (Ampere) abgesichert.

Wie viel Watt beträgt die mögliche Leistung?

Lösung:

Die Stromaufnahme (elektrische Leistung) eines Gerätes hängt ab von der Stromstärke und von der Spannung. Nach folgender Formel wird die Stromaufnahme berechnet:

Stromaufnahme = Spannung · Stromstärke	Maßeinheit eingesetzt →	***W*** **=** *V* · *A*

Unter Anwendung der Formel ergibt sich folgende Lösung:

→ **Stromaufnahme** = 230 V · 20 A = 4 600 Watt

Ergebnis: Die mögliche Leistung beträgt 4 600 W (Watt).

11.5.1.2 Berechnen der Stromstärke

Beispiel:

Bei einer Spannung von 230 V sind insgesamt 6 300 Watt an eine Leitung angeschlossen.

Mit wie viel Ampere muss die Leitung abgesichert werden?

Lösung:

Werden an einer Leitung mehrere elektrische Geräte betrieben, dann erhöht sich die **Stromstärke**, da die Spannung unverändert bleibt. Sind an einer Leitung zu viele Geräte eingeschaltet, dann wird die Stromstärke zu groß. Die Folge: Die Leitung erwärmt sich, sie fängt an zu glühen – ein Brand kann entstehen. Um diese Gefahr auszuschließen, ist im Stromkreis eine schwache Stelle, eine sogenannte Sicherung, eingebaut. Übersteigt die Stromstärke einen bestimmten Wert, dann wird der Stromkreis von der Sicherung unterbrochen. Durch Umstellung der bisher bekannten Formel kann die Stromstärke berechnet werden:

$$\textbf{Stromstärke} = \frac{\text{Stromaufnahme}}{\text{Spannung}}$$

Maßeinheit eingesetzt ▶ $\boldsymbol{A} = \frac{W}{V}$

Unter Anwendung der Formel ergibt sich folgende Lösung:

→ $\textbf{Stromstärke} = \frac{6\,300\text{ W}}{230\text{ V}} = \underline{\underline{27{,}391 \approx 30\text{ A}}}$

Ergebnis: Die Leitung muss mit mindestens 30 A (Ampere) abgesichert werden.

11.5.1.3 Berechnen der Spannung

Beispiel:

An eine Leitung, die mit 20 A abgesichert ist, werden Geräte mit insgesamt 3 200 Watt angeschlossen.

Wie viel Volt beträgt die Spannung?

Lösung:

Durch Formelumstellung kann die **Spannung** berechnet werden:

$$\textbf{Spannung} = \frac{\text{Stromaufnahme}}{\text{Stromstärke}}$$

Maßeinheit eingesetzt ▶ $\boldsymbol{V} = \frac{W}{A}$

Unter Anwendung der Formel ergibt sich folgende Lösung:

→ **Spannung** $= \frac{3\,200\ \text{W}}{20\ \text{A}} = \underline{\underline{160\ \text{V}}}$

Ergebnis: Die Spannung beträgt 160 V (Volt).

11.5.1.4 Berechnen der verbrauchten Strommenge (elektrischen Arbeit)

Beispiel:

In einem Friseursalon werden jeden Tag 5 Trockenhauben eingesetzt. Jede Haube hat eine Leistung von 900 Watt und ist täglich etwa 3,5 Stunden (h) in Betrieb.

Wie hoch ist die verbrauchte Strommenge pro Tag?

Lösung:

Die **verbrauchte Strommenge** hängt davon ab, welche Zeit ein Gerät betrieben wurde und wie hoch die Stromaufnahme (Leistung) des Gerätes ist.

Die verbrauchte Strommenge wird in Kilowattstunden (kWh) gemessen. Für kleinere Einheiten verwendet man Wattstunden (Wh).

1 kWh = 1000 Wh

$$\textbf{1 Wh} = \frac{\textbf{1}}{\textbf{1000}}\ \textbf{kWh = 0,001 kWh}$$

Die verbrauchte Strommenge (elektrische Arbeit) kann mit folgender Formel berechnet werden:

verbrauchte Strommenge = Stromaufnahme · Zeit (Std.) → Maßeinheit eingesetzt → ***kWh*** = *W · h*

Unter Anwendung der Formel ergibt sich folgende Lösung:

→ **verbrauchte Strommenge** = (5 · 900 W) · 3,5 h = 15 750 Wh
$= \underline{\underline{15{,}75\ \text{kWh}}}$

Ergebnis: Der Stromverbrauch pro Tag beträgt 15,75 kWh (Kilowattstunden).

11.5.1.5 Berechnen der Stromkosten

Beispiel:

Ein Durchlauferhitzer hat eine Leistung (Stromaufnahme) von 3,5 kW. Das Gerät ist pro Tag durchschnittlich 5,5 Stunden in Betrieb. Die Kilowattstunde kostet 0,18 €.

Wie hoch sind die täglichen Stromkosten?

Lösung:

Für die Berechnung der Stromkosten multipliziert man die verbrauchte Strommenge mit dem Arbeitspreis des Energieversorgungsunternehmens. Somit ergibt sich folgende Formel:

Stromkosten = [Stromaufnahme · Zeit (Std.)] · Arbeitspreis in €/kWh

oder

Stromkosten = verbrauchte Strommenge · Arbeitspreis in €/kWh

Unter Anwendung der Formel ergibt sich folgende Lösung:

→ **Stromkosten** = (3,5 kW · 5,5 h) · 0,2898 €/kWh

= 19,25 kWh · 0,2898 €/kWh ≈ 5,578 ≈ 5,58 €

Ergebnis: Die täglichen Stromkosten betragen 5,58 €.

Anmerkung: Der Strompreis setzt sich zusammen aus dem Preis für Erzeugung, Vertrieb und Transport, den Stromsteuern, der EEG-Umlage (Erneuerbare-Energien-Gesetz), der KWK-Umlage (Kraft-Wärme-Kopplungsgesetz), der Stromnetzentgeltumlage (§19 StromNEV-Umlage), der Konzessionsabgabe (je nach Größe der Gemeinde), der Offshore-Umlage und der Umsatzsteuer. Die Jahresabrechnung beinhaltet außerdem eine Pauschale für die Messung und den Messstellenbetrieb.

Aufgaben

Bearbeitungshinweis: Wenn keine anderen Angaben in der Aufgabe gemacht werden, dann ist von einer Spannung von 230 V auszugehen.

1. Rechnen Sie in kW um.

a) 800 W
b) 1400 W
c) 75 W
d) 1100 W
e) 2 000 W
f) 100 W

2. Rechnen Sie in W um.

a) 42,4 kW
b) 8,3 kW
c) 0,250 kW
d) 0,035 kW
e) 3,825 kW
f) 0,45 kW

3. In einem Schaufenster werden 3 Leuchtstofflampen mit je 60 W sowie 2 Lampen mit je 150 W zur Beleuchtung eingesetzt. Die tägliche Einschaltdauer beträgt 4,5 Std.

a) Wie viel W beträgt die Stromaufnahme (= Anschlusswert) der Geräte?
b) Wie viel kWh beträgt der tägliche Stromverbrauch?
c) Welche Stromkosten entstehen in einem Monat (30 Tage), wenn 1 kWh 0,2593 € kostet?
d) Wie hoch wäre die monatliche Einsparung in €, wenn die 3 Leuchtstofflampen zu je 60 W durch Energiesparlampen zu je 9 W ersetzt würden?

4. In einem Damensalon sind folgende Geräte in Betrieb:

- 3 Trockenhauben mit je 970 W
- 5 Föhne mit je 450 W
- 6 Lampen mit je 100 W

a) Ermitteln Sie die Leistung, die alle Geräte zusammen aufnehmen.
b) Genügt eine 20-A-Sicherung, um die Leitung abzusichern? (Begründen Sie Ihre Antwort.)
c) Mit wie viel Ampere müsste die Leitung abgesichert sein, wenn zusätzlich eine Waschmaschine mit 2,8 kW eingeschaltet werden würde?

5. Eine elektrische Leitung hat eine Spannung von 230 V. Die Leitung ist mit einer Sicherung von 16 A abgesichert.
Berechnen Sie, wie viel Watt an Leistung gleichzeitig aufgenommen werden können.

6. Welche Stromstärke erreichen die folgenden Geräte bei 230 V Spannung?

a) Fernsehgerät, 800 W
b) Handföhn, 500 W
c) Trockenhaube, 750 W
d) Glühlampe, 100 W
e) Energiesparlampe, 6 W
f) alle Geräte zusammen

7. Das Fernsehgerät von Herrn Glotz ist täglich 6 Stunden in Betrieb.
a) Wie hoch sind die Stromkosten im Monat März, wenn eine kWh 0,20 € kostet und wenn das Gerät in der Stunde 145 W verbraucht?
b) Nach wie vielen Stunden ist eine kWh verbraucht?

8. Im Übungssalon einer Berufssschule sind folgende elektrische Geräte installiert:
- 8 Leuchtstoffröhren zu je 40 Watt
- 2 Trockenhauben zu je 740 Watt
- 1 Durchlauferhitzer mit 2,3 Kilowatt
- 6 Föhne zu je 650 Watt

a) Wie hoch ist die Stromstärke für alle Geräte, wenn die Spannung 230 V beträgt?
b) Wie hoch ist der Stromverbrauch pro Tag, wenn die Leuchtstoffröhren 7,5 Std., der Durchlauferhitzer 70 Minuten, die Föhne und Trockenhauben jeweils 90 Minuten pro Tag im Einsatz sind?
c) Wie hoch sind die Stromkosten pro Monat, wenn eine Kilowattstunde 27,65 Cent kostet?
Gehen Sie davon aus, dass im Übungssalon an 16 Tagen im Monat Unterricht stattfindet.

9. Eine Elektroheizung mit 3 kW Leistungsaufnahme ist in einem Friseursalon an 130 Tagen im Jahr mit jeweils 6 Std. täglich in Betrieb. Die Kilowattstunde kostet 28,48 Cent.
a) Berechnen Sie die täglichen Stromkosten.
b) Berechnen Sie die jährlichen Stromkosten.
c) Ermitteln Sie, wie viel € jährlich gespart würden, wenn durch eine bessere Wärmedämmung die tägliche Heizzeit auf 4¾ Stunden reduziert werden könnte.

10. Mit wie viel Watt darf ein Stromkreis von 230 Volt höchstens belastet werden, wenn er folgendermaßen abgesichert ist?
a) 6 A
b) 10 A
c) 13 A
d) 16 A

11. Wie viele Stunden und Minuten können die folgenden Geräte mit den angegebenen Leistungen in Betrieb sein, bis 1 kWh verbraucht ist? Runden Sie das jeweilige Ergebnis auf 2 Stellen nach dem Komma.
a) eine 9-Watt-Sparlampe
b) eine 60-Watt-Lampe
c) ein Climazon mit 1000 Watt
d) eine Trockenhaube mit 850 Watt
e) ein Wäschetrockner mit 2 500 Watt

12. Am Monatsanfang zeigt der Stromzähler einen Stand von 139 743,6 kWh, am Ende des Monats steht er auf 141 287,2 kWh.
Berechnen Sie die Energiekosten. Gehen Sie davon aus, dass 1 kWh 20,4 Cent kostet.

13. Eine Geschirrspülmaschine verbraucht beim Sparprogramm 1,2 kWh, beim Programm für stark verschmutztes Geschirr 1,9 kWh je Füllung

a) Wie viel kWh lassen sich jährlich sparen, wenn die Hälfte der Spülvorgänge mit dem Sparprogramm durchgeführt werden kann? Gehen Sie bei Ihrer Berechnung von einer Gesamtzahl von 380 Füllungen pro Jahr aus.
b) Wie viel beträgt die Einsparung in Euro, wenn eine Kilowattstunde 27,99 Cent kostet?

14. Welche Kostenersparnis lässt sich in einem Friseursalon erzielen, wenn ein Teil der Salonbeleuchtung folgendermaßen auf Energiesparlampen umgestellt wird:
- 3 Glühlampen zu je 60 W werden ersetzt durch 3 Energiesparlampen zu je 6 W.
- 5 Glühlampen zu je 75 W werden ersetzt durch 5 Energiesparlampen zu je 9 W.

Die Beleuchtung ist an 250 Tagen im Jahr durchschnittlich 6,5 Stunden täglich eingeschaltet. Die Kilowattstunde kostet 29,80 Cent.
a) Berechnen Sie die jährliche Kostenersparnis.
b) Berechnen Sie die tägliche Kostenersparnis.

15. Im Salon Mores sollen gleichzeitig folgende Geräte eingeschaltet werden:
- 5 Trockenhauben zu je 850 W
- 3 Föhne zu je 1200 W
- 3 Leuchtstoffröhren zu je 75 W
- 12 Lampen zu je 60 W
- 1 Höhensonne zu 1500 W
- 1 Waschmaschine zu 2,3 kW

Die Leitung ist mit einer Sicherung zu 16 A und zwei Sicherungen zu 20 A abgesichert. Die Spannung beträgt 230 V.
a) Überprüfen Sie, ob diese Absicherung ausreicht.
b) Wie hoch ist der tägliche Stromverbrauch in kWh, wenn die Lampen 8 Std. pro Tag und die Geräte 2¼ Std. pro Tag in Betrieb sind?
c) Wie hoch sind die Stromkosten pro Stunde, wenn alle Lampen und Geräte eingeschaltet sind und wenn eine kWh 28,94 Cent kostet?

11.5.2 Wasser

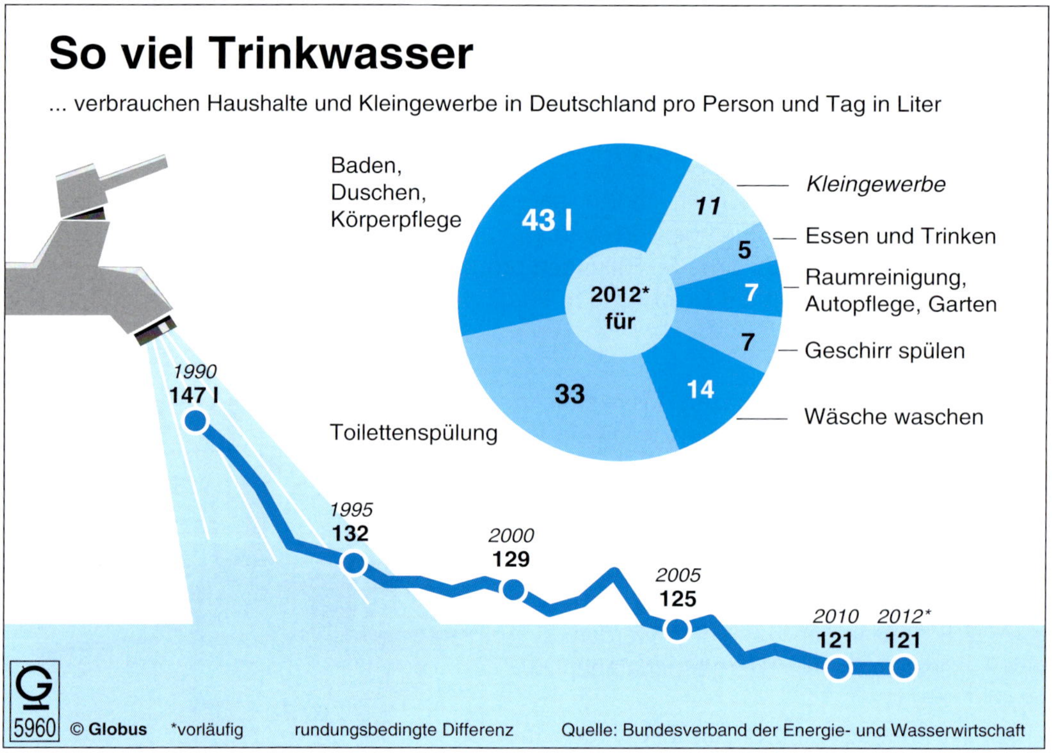

Der Trinkwasserverbrauch ist weltweit auf hohem Niveau. Trinkwasser wird deshalb immer knapper und dadurch immer teurer. Durch einen sparsamen Wasserverbrauch kann ein Friseur die Umwelt schonen und gleichzeitig eine Menge unnötiger Kosten einsparen. Hierzu einige Einsparungsbeispiele:

- Werden spröde Dichtungen bei der Toilettenspülung ersetzt, so können dadurch bis zu 6000 Liter pro Jahr gespart werden.
- Spartasten für die Toilettenspülung helfen ca. 50 % Wasser einzusparen.
- Bei Einhebelmischbatterien ist der Wasserverbrauch geringer.
- Durchflussbegrenzer senken den Wasserverbrauch von 15 auf 6 Liter.
- Wird auf die Vorwäsche verzichtet, dann können 10 bis 30 Liter pro Waschgang gespart werden.
- Eine deutliche Einsparung wird erreicht, wenn man die Sparprogramme bei Wasch- und Geschirrspülmaschinen nutzt und wenn man keine halbvollen Geräte einschaltet.

Der Wasserverbrauch wird in m^3 gemessen. Je nach den Tarifen der Versorgungsunternehmen der einzelnen Städte oder Gemeinden muss neben dem Verbrauch von Wasser auch noch für das dabei entstehende Abwasser bezahlt werden.

Beispiel:

Im Salon Feucht wurden 170,26 m³ Wasser verbraucht. Der m³ Wasser kostet 1,99 €. Für 1 m³ Abwasser sind 2,02 € zu bezahlen. Die Mehrwertsteuer beträgt 19 %.

Wie hoch ist die Abwasserrechnung?

Lösung:

	Wasser	(170,26 m³ · 1,99 €)	338,82 €
+	Abwasser	(170,26 m³ · 2,02 €)	343,93 €
=	Nettopreis		682,75 €
+	19 % Mehrwertsteuer		129,72 €
=	Bruttopreis		812,47 €

Ergebnis: Die Wasserrechnung beträgt 812,47 €.

Aufgaben

1. Durch sparsamen Umgang mit Wasser könnte der Wasserverbrauch im Salon Dürr um jährlich 28 % gesenkt werden. Ohne Einsparung wurden im letzten Jahr 395 m³ Wasser verbraucht. Einschließlich Abwasser kostet 1 m³ Wasser 4,43 €. Die Mehrwertsteuer beträgt 19 %.

a) Wie hoch wäre der neue jährliche Verbrauch, wenn die Einsparungsmöglichkeiten genutzt würden?

b) Wie hoch waren die täglichen Wasserkosten vor der Einsparung? Gehen Sie bei der Berechnung von 280 Arbeitstagen pro Jahr aus.

c) Wie hoch wären die täglichen Wasserkosten unter Berücksichtigung der Einsparung? Gehen Sie bei der Berechnung ebenfalls von 280 Arbeitstagen pro Jahr aus.

d) Ermitteln Sie, wie viel € die jährliche Kostenersparnis beträgt.

2. Die 6 Waschbecken eines Salons werden auf Einhebelmischbatterien umgerüstet. Dadurch können pro Waschgang 3,75 Liter Wasser eingespart werden. Täglich werden an jedem Waschbecken durchschnittlich 15 Haarwäschen durchgeführt. Ohne Einsparung wurden bisher pro Haarwäsche etwa 12 Liter Wasser verbraucht. Der m³-Preis für Wasser incl. Abwasserkosten beträgt einschließlich Mehrwertsteuer 3,91 €. Es wird mit jährlich 250 Arbeitstagen gerechnet.

a) Wie hoch waren die Wasserkosten pro Waschgang vor der Umrüstung?

b) Wie hoch waren die Wasserkosten pro Waschgang nach der Umrüstung?

c) Wie viel € betrug die Einsparung für den Salon pro Jahr?

3. Im Salon Clementine fallen pro Jahr etwa 190 Waschmaschinenfüllungen an. Bei $^3/_5$ der Füllungen kann auf die Vorwäsche verzichtet werden. Pro Waschgang bedeutet dies eine Ersparnis von 18 *l* Wasser. Die Gebühren für 1 m^3 Wasser betragen 1,99 €, die Abwassergebühren belaufen sich auf 2,11 € je m^3. Die Mehrwertsteuer beträgt 19 %. Wie viel € können jährlich gespart werden, wenn entsprechend auf die Vorwäsche verzichtet wird?

4. Ein Friseursalon verfügt über 2 Toiletten. Jede wird durchschnittlich 35-mal pro Arbeitstag genutzt. Durch den Einbau von Spartasten lässt sich der Wasserverbrauch um 40 % auf 5,5 Liter je Spülung reduzieren.

a) Wie viel m^3 Wasser lassen sich täglich bei den beiden Toiletten einsparen?

b) Wie hoch ist die jährliche Einsparung in €, wenn einschließlich Abwasser 4,23 € für 1 m^3 Wasser bezahlt werden muss und wenn an 243 Arbeitstagen im Salon gearbeitet wird? Die Mehrwertsteuer beträgt 19 %.

c) Nach wie vielen Tagen sind die Investitionskosten von 17,90 € je Toilette über die Wasserersparnis hereingeholt?

5. Wie viel m^3 Wasser hat ein 80-jähriger Mensch in seinem Leben für seine Körperpflege verbraucht, wenn er täglich geduscht hat (je 50 Liter), dreimal täglich sich die Zähne geputzt (je 0,5 Liter), sich fünfmal täglich die Hände gewaschen (je 3 Liter) und einmal pro Woche ein Vollbad genommen hat (je 150 Liter)?

11.6 Die Abschreibung

Die Gegenstände des Anlagevermögens, wie beispielsweise die Geschäftseinrichtung, Geräte oder Werkzeuge, **verlieren** in jedem Betrieb ständig **an Wert**. Dieser Wertverlust wird vor allem durch Abnutzung und technische Überalterung verursacht.

Beispiel: Ein Auto, das vor 5 Jahren für 17.896,00 € angeschafft wurde, kann wegen Verschleiß und technischen Fortschritts nach 5 Jahren nur erheblich unter dem Anschaffungspreis verkauft werden.

Jeder Wertverlust vermindert das Betriebsvermögen, d. h., er stellt für den Betrieb Kosten dar. Diese **Kosten** werden in der Kalkulation den **Gemeinkosten** hinzugerechnet.

Auch aus **steuerlicher Sicht** ist es wichtig, die Abschreibung zu erfassen. Denn Kosten mindern den Gewinn, ein kleinerer Gewinn verringert die Steuerlast des Betriebes. Die Folge: Abschreibungen wirken sich steuersenkend aus.

Die **Höhe der Abschreibung** richtet sich nach der **Nutzungsdauer**. In der amtlichen **AfA-Tabelle** (= **A**bsetzung **f**ür **A**bnutzung) hat das Bundesfinanzministerium die Nutzungsdauer der verschiedenen Anlagegüter vorgeschrieben.

Durch die Unternehmenssteuerreform ist seit dem 1.1.2008 nur noch die lineare Abschreibung zulässig. Die Folge: Wirtschaftsgüter, die ab dem Jahr 2008 angeschafft wurden, können nur linear abgeschrieben werden.

Auszug aus der amtlichen AfA-Tabelle für das Friseurgewerbe und Schönheitssalons

	Nutzungsdauer (Jahre)	**AfA-Sätze** (linear %)
Bedienungs- und Ladeneinrichtung		
– überwiegend aus Holz	10	10
– überwiegend aus Kunststein	15	7
– überwiegend aus Marmor	20	5
Herrensalon		
– elektr. Heißwasserspeicher	5	20
– Haarschneidemaschine, elektr.	5	20
– Herrenbedienungssessel, Ölpumpstuhl	10	10
Damensalon		
– Bedienungsstühle	10	10
– Elektrische Heißluftanlagen	10	10
– Motortrockenhauben	5	20
Schönheitssalon		
– Epilationsbestecke	7	14
– Gesichtspflegeapparate	7	14
– Höhensonnen	7	14
– Pediküreстühle	10	10

(Stand: 1. Juli 2014)

Die **lineare Abschreibung** hat folgende Merkmale:

- Der Anschaffungswert wird gleichmäßig auf die Nutzungsdauer verteilt.
- Der jährliche Abschreibungsbetrag bleibt über die gesamte Nutzungsdauer gleich.
- Der Abschreibungsprozentsatz bezieht sich immer auf den Anschaffungswert als Grundwert.

Achtung: Durch die Abschreibung wird der jeweilige Restbuchwert eines Anlagegutes ermittelt. Dieser stimmt nicht unbedingt mit dem tatsächlichen Wert des Gutes überein.

Beispiel: Ein Auto hat einen Restbuchwert von 7.669,00 €, verkauft wird es für 9.203,00 €. Die Folge: Für den Betrieb ist ein steuerpflichtiger Gewinn von 1.534,00 € entstanden.

11.6.1 Die lineare Abschreibung

Beispiel:

Eine Trockenhaube hat einen Kaufpreis von 665,00 €. Die Nutzungsdauer beträgt 5 Jahre.

a) Wie hoch ist der jährliche Abschreibungsbetrag in €?
b) Welchen Restbuchwert hat die Trockenhaube am Ende des 4. Nutzungsjahres, und welchen Restbuchwert hat sie am Ende des 5. Nutzungsjahres?
c) Wie hoch ist der jährliche Abschreibungsbetrag in %?

Lösung:

Beachten Sie:

Bei einer linearen Abschreibung sind die jährlichen Abschreibungsbeträge gleich hoch, d. h., der Anschaffungswert wird gleichmäßig auf die Nutzungsdauer verteilt.

a) Abschreibungsbetrag in 5 Jahren = 665,00 €
Abschreibungsbetrag in 1 Jahr = x €

Anschaffungswert

$$x = \frac{665 \cdot 1}{5} = \underline{\underline{133{,}00\text{ € jährlicher Abschreibungsbetrag}}}$$

Nutzungsdauer

b)

	Anschaffungswert (Kaufpreis)	665,00 €
–	Abschreibung 1. Jahr	133,00 €
=	Restbuchwert nach 1 Jahr	532,00 €
–	Abschreibung 2. Jahr	133,00 €
=	Restbuchwert nach 2 Jahren	399,00 €
–	Abschreibung 3. Jahr	133,00 €
=	Restbuchwert nach 3 Jahren	266,00 €
–	Abschreibung 4. Jahr	133,00 €
=	Restbuchwert nach 4 Jahren	133,00 €
–	Abschreibung 5. Jahr	133,00 €
=	Restbuchwert nach 5 Jahren	0,00 €

c) 5 Jahre = 100 %
1 Jahr = x %

100 %

$$x = \frac{100 \cdot 1}{5} = \text{20 \% jährlicher Abschreibungsprozentsatz}$$

Nutzungsdauer

Aus unserem Beispiel ergeben sich folgende Formeln für die Berechnung der linearen Abschreibung:

lineare Abschreibung

$$\textbf{jährlicher Abschreibungsbetrag} = \frac{\text{Anschaffungswert}}{\text{Nutzungsdauer}}$$

$$\textbf{jährlicher Abschreibungsprozentsatz} = \frac{100\ \%}{\text{Nutzungsdauer}}$$

Aufgaben

1. Eine Saloneinrichtung mit einem Anschaffungswert von 25.565,00 € soll linear abgeschrieben werden.
a) Wie viel Euro sind nach 5 Jahren abgeschrieben, wenn die Nutzungsdauer 10 Jahre beträgt?
b) Wie hoch ist die jährliche Abschreibung in %?
c) Welchen Restbuchwert hat die Saloneinrichtung nach 6 Jahren?

2. Im Salon Trippel werden 4 elektronische Trockenhauben zu jeweils 634,00 € angeschafft.
a) Ermitteln Sie den Anschaffungswert der 4 Trockenhauben.
b) Welchen Restbuchwert haben die Trockenhauben nach 3 Jahren, wenn der Prozentsatz der linearen Abschreibung 20 % beträgt?

3. Ein Friseurmeister beschafft 5 neue Bedienungsstühle zum Anschaffungspreis von jeweils 500,00 €. Die Nutzungsdauer wird mit 10 Jahren angesetzt. Es wird linear abgeschrieben.
a) Wie hoch ist die jährliche Abschreibung in € pro Stuhl?
b) Wie hoch ist die jährliche Abschreibung in %?
c) Die 5 Stühle werden nach 8 Jahren für insgesamt 383,00 € verkauft.
Wie hoch ist der Gewinn bzw. der Verlust?

4. Der Neuwert eines Geschäftswagens betrug 19.920,00 €. Die Nutzungsdauer sollte 8 Jahre betragen. Nach 7 Jahren linearer Abschreibung wird der Wagen für 5.000,00 € verkauft. Wie hoch ist der Gewinn bzw. der Verlust?

5. Ein Warmwasserboiler wurde für 1.314,00 € gekauft. Die Nutzungsdauer beträgt 5 Jahre.
a) Wie hoch ist die jährliche Abschreibung in € und in %, wenn linear abgeschrieben wird?
b) Der Boiler wird nach 3 Jahren mit einem Gewinn von 160,00 € verkauft.
Wie hoch war der Verkaufspreis?

6. Wie hoch war der Kaufpreis für eine Geschäftseinrichtung, wenn die Nutzungsdauer 15 Jahre beträgt und nach 6 Jahren linearer Abschreibung ein Restwert von 31.245,00€ vorliegt?

7. Der Verkaufsbereich eines Friseursalons wird neu gestaltet. Dafür werden beschafft:
- 3 Regale zu je 620,00 €
- 1 Verkaufstheke für 2.700,00 €
- 1 Ladenkasse für 967,00 €

a) Berechnen Sie den Gesamtwert der Anschaffung.
b) Wie hoch ist die jährliche Abschreibung in € und in %, wenn man von einer 10-jährigen Nutzungsdauer ausgeht und linear abschreibt?
c) Wie viel € sind insgesamt nach 3 Jahren abgeschrieben?
d) Welchen Restbuchwert hat die Verkaufstheke nach 6 Jahren?
e) Die Regale werden nach 5 Jahren ausgetauscht und für 650,00 € verkauft. Wie groß ist der Gewinn bzw. der Verlust?

8. Für 1.698,00 € hat sich Frau Benz eine neue Waschmaschine für ihren Salon angeschafft.
a) Welchen Restbuchwert hat die Maschine nach 3 Jahren, wenn sie auf 10 Jahre linear abgeschrieben wird?
b) Wie hoch ist der Gewinn bzw. Verlust, wenn die Maschine nach 3 Jahren für 750,00 € verkauft wird?

9. Der Restwert von 3 Schwenkarmtrockenhauben betrug 990,00 € nach 5 Jahren linearer Abschreibung. Die Nutzungsdauer der Trockenhauben ist auf 10 Jahre festgelegt.
a) Wie hoch ist die jährliche Abschreibung in %?
b) Wie viel € kostete eine Trockenhaube bei der Anschaffung?
c) Nach 6 Jahren Nutzung werden die 3 Trockenhauben mit einem Gewinn von 80,00 € verkauft.
Wie hoch war der Verkaufspreis?

10. Ein Wäschetrockner wird linear abgeschrieben. Die jährliche Abschreibung beträgt 12,5 % oder 99,85 €.
a) Wie viele Jahre beträgt die Nutzungsdauer?
b) Wie hoch ist der Anschaffungspreis?

11. Der Anschaffungspreis einer Friseureinrichtung machte 51.600,00 € aus. Bei linearer Abschreibung beträgt der Restwert nach 4 Jahren 41.280,00 €.
a) Wie viele Jahre beträgt die Nutzungsdauer?
b) Wie hoch ist die jährliche Abschreibung in € und in %?
c) Wie hoch war der Verkaufspreis, wenn die Einrichtung nach 7 Jahren mit 800,00 € Gewinn verkauft wurde?

12. Der Lieferwagen von Sagers Haarstudio kann in 6 Jahren linear abgeschrieben werden. Nach fünfjähriger Nutzungsdauer wird er für ein größeres Neufahrzeug in Zahlung gegeben. Der Autohändler zahlt Meister Sager 20 % über dem Buchwert von 5.996,00 €. Der Preis des neuen Lieferwagens liegt 12.000 € über dem Anschaffungspreis des alten Fahrzeugs.

a) Zu welchem Preis wurde der alte Lieferwagen angeschafft?
b) Mit welchem Betrag wurde der alte Wagen in Zahlung genommen?
c) Ermitteln Sie den Preis des neuen Lieferwagens.
d) Welchen Preis muss Meister Sager beim Kauf noch zuzahlen?

13. Büromöbel, deren Neupreis 12.168,00 € beträgt, haben nach 4 Jahren noch einen Buchwert von 7.300,80 €.

a) Wie viel € und wie viel Prozent beträgt der jährliche Abschreibungssatz?
b) Wie viele Jahre beträgt die angenommene Nutzungsdauer?
c) Wie viel € spart die Friseurmeisterin jedes Jahr durch die Abschreibung, wenn ihr Einkommensteuersatz 32,5 % beträgt?

14. Bei beweglichen Wirtschaftsgütern darf im Jahr der Anschaffung nicht der volle Abschreibungsbetrag angesetzt werden. Einschließlich des Anschaffungsmonates darf für jeden verbliebenen Monat $^1/_{12}$ des Jahresabschreibungsbetrages angesetzt werden.
Im Mai wird eine Waschmaschine mit einem Neupreis von 1.150,00 € angeschafft.

a) Wie hoch ist der jährliche Abschreibungsbetrag in €, wenn die Nutzungsdauer 10 Jahre beträgt?
b) Welchen Abschreibungsbetrag kann Meister Clever im Jahr der Anschaffung geltend machen, wenn die Waschmaschine im Mai angeschafft wurde?
c) Meister Clever hat bei der Einkommensteuer einen Spitzensteuersatz von 38 %. Wie hoch ist seine Steuerersparnis durch die Abschreibung im zweiten Jahr?

15. Im August kauft eine Friseurmeisterin einen neuen Geschirrspüler zum Neupreis von 1.048,00 €.

a) Ermitteln Sie den Prozentsatz für die lineare Abschreibung, wenn die amtliche AfA-Tabelle von 7 Jahren Nutzungsdauer ausgeht.
b) Wie hoch ist der jährliche Abschreibungsbetrag?
c) Im Jahr der Anschaffung darf nicht der volle Abschreibungsbetrag angesetzt werden. Einschließlich des Anschaffungsmonats darf für jeden verbliebenen Monat $^1/_{12}$ des Jahresabschreibungsbetrages angesetzt werden.
Wie hoch ist in diesem Fall der Abschreibungsbetrag im ersten Jahr?

16. Nach einer Nutzungsdauer von 74 Monaten beträgt der Buchwert eines Bedienungsstuhls 216,00 €. Laut amtlicher AfA-Tabelle beträgt die Nutzungsdauer 10 Jahre.

a) Ermitteln Sie den Anschaffungspreis des Bedienungsstuhls.
b) Berechnen Sie, welcher Betrag bei linearer Abschreibung bereits abgeschrieben wurde.

Vermischte Aufgaben zur Kalkulation

1. Eine Flasche Aftershave wird zu einem Bezugspreis von 4,06 € eingekauft und zum Bruttopreis von 5,11 € verkauft.
Berechnen Sie den Kalkulationszuschlag in € und in %.

2. Shampoo für strapaziertes Haar soll im Sonderangebot verkauft werden. Der Bezugspreis für 150 Flaschen beträgt 306,01 €.
a) Wie hoch ist der Bruttoverkaufspreis pro Flasche, wenn der Kalkulationszuschlag 72 % beträgt?
b) Runden Sie das Kalkulationsergebnis auf volle 5-Cent-Beträge auf.

3. Eine Creme soll für 4,29 € verkauft werden.
Wie hoch darf der Kalkulationszuschlag sein, wenn der Bezugspreis pro Creme 3,40 € beträgt?

4. Der Bruttoverkaufspreis für eine Tube Haargel beträgt 3,78 €.
Wie hoch ist der Bezugspreis bei einem Kalkulationszuschlag von 42,5 %?

5. In einem Friseurgeschäft fallen 18.544,56 € produktive Löhne an. Es wurden 1.720 produktive Arbeitsstunden geleistet. Die Gemeinkosten betragen 28.744,06 €.
a) Wie hoch ist der Minutenkostensatz?
b) Für eine Tönung werden 20 Arbeitsminuten benötigt.
Welcher Bruttobedienungspreis ergibt sich, wenn der Gewinnzuschlag 28 % und die Mehrwertsteuer 19 % betragen?

6. Wie hoch sind die Selbstkosten für die nachfolgend aufgeführten Arbeiten:

	Dienstleistung	Arbeitszeit	Stundenlohn	Gemeinkostensatz
a)	Haarwäsche	12 Minuten	8,50 €	125 %
b)	Föhnfrisur	42 Minuten	8,84 €	110 %
c)	Färbung	65 Minuten	9,78 €	142 %

7. Durch eine bessere Arbeitsorganisation gelingt es einem Friseur, den Gemeinkostensatz von 135 % auf 125 % zu senken.
Wie hoch ist die Kostenersparnis für eine Rasur, wenn folgende Kalkulationsdaten zugrunde gelegt werden: Arbeitszeit 23 Minuten, Stundenlohn 7,80 €, Gewinn 18 %, Mehrwertsteuer 19 %?

***8.** a) Kalkulieren Sie den Bruttoverkaufspreis für eine Transformation anhand folgender Kalkulationsdaten:
- Arbeitszeit 41¼ Std., Stundenlohn 10,22 €
- 60 g deutsches Schnitthaar, 1 kg kostet 699,00 €
- sonstiges Material 28,96 €
- Gemeinkostenzuschlag 85 %
- Gewinn 12 %
- Mehrwertsteuer 19 %

b) Wie hoch wäre der Bruttoverkaufspreis, wenn der Gewinn 30 % betragen würde?

***9.** Wie viel € dürfen die Lohnkosten für die Anfertigung eines Haarteiles betragen, wenn der Bruttoverkaufspreis 350,00 € nicht übersteigen darf und wenn folgende Kalkulationsdaten feststehen:
- Mehrwertsteuer 19 %
- Gemeinkostensatz 112 %
- Materialkosten 90,00 €
- Gewinn 10 %

***10.** Berechnen Sie die Materialkosten für ein Haarteil anhand folgender Daten:
- 125 g Haare, 1 kg kostet 814,00 €
- 50 cm^2 Tüllvegetal, 1 m (55 cm breit) kostet 26,79 €
- 12 x 15 cm Steiftüll, 1 m^2 zu 50,11 €
- sonstiges Material für 5,00 €

11. Ermitteln Sie den Bruttobedienungspreis für eine Dauerwelle, indem Sie folgende Daten zugrunde legen:
- Arbeitszeit Meister (Schnitt) 27 Minuten, Stundenlohn 13,00 €
- Arbeitszeit Friseurin (Dauerwelle) 45 Minuten, Stundenlohn 9,00 €
- Arbeitszeit Auszubildende (Föhnen) 25 Minuten, Stundenlohn 4,99 €
- Gemeinkostenzuschlag 130 %
- Gewinn 22 %
- Mehrwertsteuer 19 %

12. Ein Großhändler bietet Haarbürsten zu folgenden Bedingungen an:
Der Listenpreis für 60 Haarbürsten beträgt 190,20 €. Bei einer Bestellung werden 10 % Rabatt eingeräumt. Wird innerhalb von 10 Tagen gezahlt, dann können 2 % Skonto abgezogen werden. Für Verpackung und Versicherung werden 4,00 € berechnet. In dem Friseursalon wird mit 28 % Handlungskosten kalkuliert. Der Gewinn beträgt 25 % und die Mehrwertsteuer 19 %.

a) Wie hoch ist der Bezugspreis für eine Haarbürste, wenn innerhalb der Skontofrist bezahlt wurde?

b) Wie hoch ist der Bruttoverkaufspreis für eine Haarbürste?

* Aufgabe 8–10 Kalkulation von Haararbeiten

13. Eine Lieferung Kosmetika wird zum Listenpreis von 660,00 € bezogen. Der Lieferant gewährt 8,5 % Rabatt und bei Zahlung innerhalb von 8 Tagen 3 % Skonto. Die Bezugskosten für diese Lieferung betragen 8,10 €. Der Kalkulationszuschlag beträgt 40 %.

a) Berechnen Sie den Bezugspreis für diese Lieferung.

b) Ermitteln Sie den Bruttoverkaufspreis für diese Lieferung bei 19 % Mehrwertsteuer.

14. Die Bruttolöhne eines Salons betragen pro Jahr 43.079,00 €. Davon sind 10.554,33 € Gemeinkostenlöhne. Die weiteren Gemeinkosten betragen pro Jahr 45.927,00 €.
Wie hoch ist der Gemeinkostenzuschlagssatz dieses Salons?

15. In einem Salon wurde ein Gemeinkostensatz von 130 % ermittelt.

a) Wie hoch ist der produktive Lohn, wenn die Selbstkosten der Bedienung 23,70 € betragen?

b) Wie hoch ist der produktive Lohn, wenn die Selbstkosten der Bedienung 36,88 € betragen?

c) Wie hoch ist der produktive Lohn, wenn die Selbstkosten der Bedienung 28,30 € betragen?

16. Ein Friseur verkauft eine Tube Kurshampoo für 4,85 €.
Ermitteln Sie, mit wie viel % Kalkulationszuschlag der Friseur rechnet, wenn er einen Karton mit 20 Tuben für 71,50 € bezogen hat.

17. Im Salon Kemmler wird eine Haarbürste für 4,99 € im Sonderangebot verkauft. Der Bezugspreis beträgt 3,52 €. Wie hoch ist die Handelsspanne in € und in %?

5. Eine Friseurin hat die Wahl zwischen 2 Entlohnungsformen.

1. Entlohnungsform: Stundenlohn 8,85 €

2. Entlohnungsform: Stundenlohn 8,15 €, Umsatzbeteiligung 5 % für die ersten 1.700,00 € Verkaufsumsatz, für die weiteren Verkaufsumsätze 10 % Umsatzbeteiligung.

Für beide Entlohnungsformen gelten folgende Daten:

– Arbeitszeit: 168,5 Stunden
– Umsatz: 2.295,00 €

Welche Entlohnungsform würden Sie wählen? Begründen Sie Ihre Wahl

Energiekosten

1. Eine Höhensonne hat eine Leistungsaufnahme von 380 Watt. Eine Höhensonnenbestrahlung dauert 3,25 Minuten.
Wie hoch sind die Stromkosten für täglich 20 Höhensonnenbestrahlungen, wenn eine kWh 0,285 € kostet?

2. Ein Ventilator (150 Watt) wird ersetzt durch einen energiesparenderen Ventilator (35 Watt).

a) Wie hoch ist die Einsparung in Watt, Kilowatt und € pro Tag, wenn er täglich 4,5 Stunden in Betrieb ist und eine kWh 0,2749 € kostet?

b) In welchem Zeitraum (Tage) hat sich der neue Ventilator (Kaufpreis 97,50 €) über die eingesparten Stromkosten amortisiert?

3. In einem Friseursalon sind an einem Tag in Betrieb:

– 5 Trockenhauben mit je 375 W Leistungsaufnahme, Einsatzzeit: je 6 mal 35 Minuten
– 6 Lampen mit je 60 Watt, Einsatzzeit: 7,4 Stunden
– 4 Lampen mit je 100 Watt, Einsatzzeit: 7,4 Stunden
– 5 Handföhne mit je 180 Watt, Einsatzzeit: je 5 mal 22 Minuten
– Für sonstige elektrische Geräte rechnet man einen Stromverbrauch pro Stunde von 4,3 kW. Durchschnittliche Einsatzzeit pro Tag: 4,5 Stunden

a) Mit wie viel Ampere müsste die Stromleitung abgesichert sein, wenn alle Geräte gleichzeitig in Betrieb sind? Die Stromspannung beträgt 230 V.

b) Wie hoch ist der Stromverbrauch pro Tag in diesem Salon?

c) 1 kWh kostet 20,5 Cent. Wie hoch sind die täglichen Stromkosten?

d) Wie hoch wären die täglichen Stromkosten, wenn die 6 Lampen zu je 60 Watt durch 6 Energiesparlampen zu je 9 Watt ersetzt würden?

e) Wie hoch wäre die Einsparung in einem Jahr bei 235 Arbeitstagen?

4. Ein Test in einem Friseursalon hat ergeben, dass durch sparsameren Umgang mit Wasser pro Haarwäsche ca. 1,25 *l* eingespart werden können.
a) Wie viel Liter Wasser sind das pro Jahr bei folgenden Werten: 5 Arbeitsplätze, je 12 Haarwäschen täglich, 230 Arbeitstage pro Jahr?
b) Wie viel € werden gespart, wenn 1 m^3 Wasser 4,13 € (inkl. Abwassergebühr) kostet?

Kalkulation

1. Die Arbeitszeit für einen modischen Herrenhaarschnitt beträgt einschließlich Haarwäsche und Föhnen 45 Minuten. Davon entfallen auf den Meister 20 Minuten, auf die Gesellin 25 Minuten. Der Meister verrechnet für sich einen Stundenlohn von 13,30 €, für die Gesellin 9,66 €. Die Gemeinkosten werden mit 140 % von den Lohnkosten berechnet, der Gewinnzuschlag beträgt 20 %, die Mehrwertsteuer 19 %.
Berechnen Sie den Bruttobedienungspreis.

2. Berechnen Sie den Bruttobedienungspreis für eine Dauerwelle.

Arbeitszeit Friseurin:	1 Stunde 35 Minuten, Stundenlohn 8,67 €
Arbeitszeit Meister:	15 Minuten, Stundenlohn 12,30 €
sonstige Kalkulationsdaten:	Gemeinkosten 155 %
	Gewinn 28 %
	Mehrwertsteuer 19 %

3. Folgende Kosten fallen für die Herstellung eines Haarteiles an:
- 75 g Echthaar (1 kg kostet 725,00 €)
- sonstige Materialkosten 7,05 €
- Lohnkosten 12¼ Stunden zu je 8,50 €
- Gemeinkosten 115 % der Lohnkosten
- Gewinn 17 %, Mehrwertsteuer 19 %

Berechnen Sie den Bruttoverkaufspreis für dieses Haarteil.

4. Berechnen Sie den Bruttobedienungspreis für eine Dauerwelle mit Formwicklung. Folgende Daten liegen vor:
- Arbeitszeit 2⅓ Stunden, davon entfallen 15 Minuten auf den Meister; Meisterlohn 13,20 € pro Stunde, Friseurin 9,80 € pro Stunde.
- Materialkosten zum Bruttoverkaufspreis von 15,15 €; sie werden dem Bruttobedienungspreis zugerechnet.
- Gemeinkosten 75 %
- Gewinn 12 %
- Mehrwertsteuer 19 %

V

W

X

Y

Z

Notizen

Notizen